Guida all'Unità di Apprendimento per i concorsi Scuola

Impara a strutturare l'UDA in modo rapido, completo ed efficace.

Include esempi pratici e prove svolte.

Ivo Denisio

SOMMARIO

INTRODUZIONE

L'UDA, l'Unità Didattica di Apprendimento, è la base dell'apprendimento scolastico e il fondamento di un nuovo approccio metodologico all'insegnamento. Per UDA si intende un insieme di attività, molto spesso transdisciplinari, legate da un tema comune, che vengono affrontate, con l'ausilio di strumenti diversi, in un arco di tempo più o meno lungo.

Un'unità didattica di apprendimento è quindi un percorso formativo interdisciplinare guidato da un docente che utilizza diverse metodologie didattiche, con l'obiettivo di rendere protagonista l'alunno che potrà così sviluppare le sue competenze. L'approccio dell'unità didattica di apprendimento è attentamente pianificato al fine di ampliare le conoscenze e le competenze degli studenti, incoraggiando la loro partecipazione, la capacità di problem solving e l'indipendenza nella produzione e presentazione di un progetto inserito in un macro-tema predefinito.

La valutazione delle competenze nel processo dell'unità, si basa quindi sulla partecipazione e sul contributo dello studente allo sviluppo del progetto, che può essere flessibile e varia a seconda del contesto, delle esigenze degli studenti e del possibile sviluppo delle competenze da sviluppare.

I contesti in cui l'UDA può essere progettata e attuata sono molteplici: da quelli legati alla vita scolastica come tradizionalmente intesa, a quelli legati a uno snodo fondamentale della vita di ciascun alunno. La differenza sostanziale rispetto alla didattica frontale tradizionale sta soprattutto nella già citata trasversalità delle discipline: il lavoro sinergico di più insegnanti, viene riunito in unità didattiche. Questo approccio collaborativo e diversificato mette radicalmente in discussione l'idea che il sapere sia costituito da ambiti strettamente separati, insistendo invece sull'idea di un sapere plurale e strettamente interconnesso. Questa concezione in rete, corrisponde anche al modo in cui gli studenti sperimentano l'apprendimento al di fuori dell'ambiente scolastico, cioè quello associato ai nuovi mezzi tecnologici e alla navigazione online. L'adozione di questo approccio transdisciplinare e cumulativo contribuirà a colmare il divario tra le modalità di apprendimento scolastiche e quelle convenzionali.

Un'unità di apprendimento che promuove l'autonomia e la responsabilizzazione degli alunni, deve comunque essere ben strutturata e organizzata dal team docente in base al macro-tema concordato e al tipo di progetto da presentare. La prima fase è quindi di tipo organizzativo e introduttivo, per tracciare le linee generali del corso, individuare le competenze da sviluppare e porre le basi per i prerequisiti necessari agli studenti per poter superare le varie prove. Successivamente, dovrà essere pianificata la fase centrale dell'unità, cioè quella relativa ai contenuti: gli insegnanti dovranno effettivamente inquadrare ogni fase con specifiche attività di apprendimento cooperativo e/o situazionale allineate all'argomento principale e alle competenze concordate all'inizio. Durante lo svolgimento del progetto, gli insegnanti monitoreranno attentamente le attività svolte e interverranno in caso di cambiamenti dei presupposti o del contesto previsto, in modo che il corso rimanga flessibile pur perseguendo gli obiettivi desiderati. A questo scopo, vengono utilizzate dettagliate schede di osservazione, utili sia per il monitoraggio del corso sia per la valutazione del lavoro degli studenti.

Le UDA consentono anche un lavoro basato sulle competenze, ossia l'applicazione attiva delle conoscenze progressivamente acquisite, integrate, se necessario, da conoscenze in altri campi del sapere (da qui il ritorno della transdisciplinarità) o da abilità tecniche (ossia l'uso di attrezzature tecnologiche). L'insegnamento UDA è molto vicino alla categoria più ampia chiamata "pedagogia dell'azione", che si riferisce a un approccio all'insegnamento che riconosce l'inadeguatezza dell'istruzione frontale e la integra con attività che consentono all'alunno di mettere in pratica ciò che ha imparato. Ciò richiede che l'alunno acquisisca competenze piuttosto che contenuti teorici. Un progetto di UDA di successo dovrà quindi garantire che l'ambiente scolastico sia collaborativo, che i laboratori e le attività interattive incoraggino la partecipazione attiva degli alunni, che venga incoraggiata l'autovalutazione delle competenze apprese e che l'insegnamento si concentri sulle competenze trasversali e operative.

Le unità didattiche di apprendimento possono essere presentate agli studenti di qualsiasi ciclo formativo, con il progetto del corso naturalmente adattato al singolo caso. Infatti, la proposta di questo approccio didattico può variare a seconda del contesto della scuola primaria o secondaria di primo o secondo grado, intervenendo sui macro-argomenti scelti, sul tipo di attività e sulle competenze da sviluppare.

La scelta del macro-tema è essenzialmente la base per l'avvio della lezione: la classe deve conoscere l'argomento, consolidare i prerequisiti necessari per padroneggiare ancora meglio i contenuti, per poi essere in grado di procedere autonomamente con il lavoro previsto. Non ha senso proporre agli alunni della scuola primaria argomenti sociopolitici complessi, mentre agli alunni della scuola secondaria proporre aree tematiche troppo banali o in cui sarebbe difficile dare spazio alla loro creatività. Anche le attività devono quindi essere commisurate alle capacità degli alunni: è possibile variare le fasi di laboratorio o di problem solving, mantenendo l'aspetto ludico per i più piccoli e favorendo l'aspetto critico per gli studenti più maturi. L'obiettivo sarà quindi quello di stabilire competenze ben definite che, da un ciclo educativo all'altro, rispecchino la crescita graduale dell'alunno nel suo percorso formativo.

L'unità di apprendimento può essere progettata a partire da diversi livelli di pianificazione, strutturati in base al numero di insegnanti coinvolti e al loro rapporto con l'argomento scelto. Ad esempio, il livello più semplice potrebbe essere quello del consiglio di classe, composto da tutti gli insegnanti di un gruppo di alunni, che possono lavorare insieme per preparare un progetto interdisciplinare in cui sono coinvolti individualmente o congiuntamente. Un livello più alto potrebbe essere quello dell'asse, cioè il coinvolgimento di tutti gli insegnanti la cui materia si riferisce a un asse culturale. L'asse di riferimento può essere umanistico, scientifico, linguistico e così via, cogliendo così il contributo di tutti gli insegnanti con competenze allineate al macro-tema di riferimento. Il livello più alto si riferisce quindi all'unità di apprendimento inter-assiale, simbolo di interdisciplinarità e di completa flessibilità. È evidente che quest'ultimo livello richiede una maggiore organizzazione per evitare che gli alunni si disorientino e perdano i riferimenti necessari per raggiungere gli obiettivi prefissati, ma è anche la soluzione più adeguata a promuovere al meglio l'inclinazione e l'autonomia di azione di ogni singolo alunno.

Obiettivo di questo libro è guidare nella stesura, nella compilazione e nella conoscenza dell'Unità Didattica di Apprendimento, fornendo esempi e modelli di riferimento, stabilendo i concetti principali per guidare il team dei docenti non solo nella preparazione per il concorso, ma soprattutto per prepararli al lavoro futuro: l'insegnamento.

CAPITOLO 1

L'UDA

Cos'è l'Unità Didattica di Apprendimento

Con l'acronimo UDA, viene indicato un corso interdisciplinare che si struttura attorno a un tema ben specifico, che viene organizzato in più fasi temporali. Il tema che viene sviluppato, che può prendere il nome di "area di apprendimento", viene affrontato da diverse discipline e da diversi docenti, così da rendere possibile l'interconnessione e una maggiore coesione tra il progetto e le varie materie di apprendimento e di studio. Il protagonista di questo percorso è lo studente, che svilupperà un atteggiamento personale nei confronti della conoscenza e sarà chiamato ad acquisire competenze piuttosto che contenuti teorici.

L'UDA consente di lavorare per competenze, cioè di applicare in modo efficace e attivo le conoscenze progressivamente acquisite, collegandole, se il caso di studio lo richiede, a conoscenze di altri campi del sapere (ed ecco tornare la transdisciplinarità) o a competenze tecniche, come l'uso di strumenti tecnologici.

L'unità didattica di apprendimento è quindi molto vicina alla categoria più ampia chiamata "pedagogia dell'azione", ovvero un approccio didattico che riconosce l'inadeguatezza delle lezioni frontali e le combina con attività che permettono allo studente di mettere in pratica quanto appreso. Infatti, la principale differenza tra l'UDA e la didattica frontale classica risiede proprio nella trasversalità delle discipline: in un'unità didattica confluisce il lavoro sinergico di più docenti. Questo approccio collaborativo e diversificato mette radicalmente in discussione l'idea che il sapere sia costituito da ambiti strettamente separati, insistendo invece sull'idea di un sapere plurale e strettamente interconnesso.

Per arrivare all'apprendimento, lo studente deve accettare le metodologie di insegnamento:

- induttivo, in cui l'alunno forma concetti e astrae dall'osservazione e dall'esperienza empirica;
- laboratoriale, in cui la conoscenza viene esercitata e tradotta in know-how (learning by doing);
- cooperativo, in cui il lavoro di gruppo o l'insegnamento tra pari diventano opportunità per creare una zona di sviluppo prossimale in cui tutti gli alluni possono migliorare le proprie capacità (apprendimento cooperativo).

Cosa occorre sapere per elaborare la UDA

Prima ancora di riuscire a mettere in atto un'Unità Didattica di Apprendimento, è essenziale capire cosa bisogna elaborare al suo interno. Questo viene fatto tenendo conto di 5 fattori ossia: la struttura dell'UDA, la sua durata, le tipologie di UDA, le fasi di progettazione e la valutazione. Analizziamoli.

1. Com'è strutturata l'unità di apprendimento

La struttura dall'UDA cambia in base al macro tema scelto, al team di insegnanti, alla classe a cui si riferisce. Ma in senso generale, è essenziale che L'Unità Didattica di Apprendimento rispecchi la seguente struttura:

- il piano di lavoro dell'UDA: ossia una parte più dettagliata che spieghi la suddivisione in fasi del corso, che possono essere progressive o parallele. Ciascuna fase dovrà riportare i contenuti che tratterà, le attività e le strategie didattiche da utilizzare, le tipologie di valutazione (assessment, valutazione delle competenze o assignment), i criteri di valutazione e la durata del corso;
- le griglie di osservazione sistematica;
- le rubriche per la valutazione delle competenze;
- un calendario per lo sviluppo delle fasi con un diagramma di Gantt;
- una parte introduttiva, che presenta informazioni generali come: gli assi e le materie coinvolte, i risultati di apprendimento attesi in termini di competenze, le abilità e le conoscenze, i prerequisiti necessari da affrontare, il valore formativo del corso, la durata complessiva.

2. La durata dell'Unità Didattica di Apprendimento

Le unità possono essere classificate in base alla loro durata in tre modi:

- UDA piccola: 12-15 ore, massimo 3 fasi con un massimo di 3 ore, 1 prodotto, 1 o 2 competenze da promuovere;
- UDA medie: 20-25 ore, massimo 5 fasi con un massimo di 4-5 ore, più di 1 prodotto, eventualmente più di 2 competenze da promuovere;
- UDA di grandi dimensioni: contano dalle 30 alle 40 ore in più, dalle 6 fasi fino a un massimo di 8 ore con prodotti intermedi e finali e maggiori competenze da promuovere.

3. Le tipologie di Unità Didattiche di Apprendimento

Si possono progettare le seguenti tipologie di UDA:

- UDA assiale: è un corso che prevede l'apprendimento dell'asse culturale e progettato dalle sezioni dell'asse dell'area generale;
- UDA multiasse: si tratta di un corso che prevede l'insegnamento di più assi culturali, anche trasversali alle aree generali e di titolo;
- UDA per titoli: è un corso specifico del corso di studi e sarà progettato dal dipartimento dell'asse scientifico, tecnologico e professionale, che avrà il compito di promuovere le competenze professionali, cercando anche di integrare le discipline dell'asse dell'area generale. Il coinvolgimento delle discipline generali sarà limitato a interventi mirati e funzionali allo sviluppo delle competenze affrontate.

4. Le fasi della progettazione dell'Unità Didattica di Apprendimento

La progettazione dell'UDA può partire da diverse prospettive:

- far immaginare agli studenti il prodotto finale e poi riflettere sulle azioni competenti da intraprendere per realizzarlo;
- la progettazione del compito di vita reale da sottoporre agli studenti, che implica la produzione di un elaborato, ossia il prodotto finale, da presentare a una materia, dato che lo scopo dell'UDA è promuovere competenze utili a risolvere situazioni-problemi simili alla vita reale;
- la scelta di un tema comune alle materie dell'asse, in quanto l'UDA viene solitamente progettata come un percorso tematico interdisciplinare. In questo caso, è sufficiente cercare la convergenza tra le competenze previste dai curricula degli assi;

- partire dall'identificazione delle competenze da promuovere, per poi necessariamente passare alla descrizione di un compito di vita reale che possa stimolarle.

5. Come viene valutata l'unità di apprendimento

Nell'Unità Didattica di Apprendimento è possibile valutare:

- le competenze culturali promosse nei compiti di realtà proposti, cioè quelle appartenenti agli assi culturali ed elencate negli allegati alle Linee guida;
- le competenze chiave per la cittadinanza attiva (8 competenze chiave dell'UE o DM 139/07), che sono trasversali a tutti gli assi culturali;
- le conoscenze e le abilità mobilitate e utilizzate dall'alunno per risolvere il compito del mondo reale relativo alle competenze di riferimento e agli assi associati e ai singoli insegnamenti.

Differenza tra UDA e Attività Didattica

Unità Didattica di Apprendimento e Unità Didattica, sono termini con un significato e una funzione molto importanti nella scuola. Purtroppo, e spesso, la definizione di entrambi non è abbastanza chiara. Ma ora andremo proprio ad evidenziare quali sono i fattori scatenanti che differenziano in modo sostanziale questi due percorsi alternativi ormai ampiamente utilizzati nelle scuole di ogni ordine e grado.

Le differenze tra unità didattiche e unità di insegnamento sono infatti a livello di contenuti e riguardano la struttura, il focus dell'attenzione, le attività da svolgere, i metodi di valutazione. Per comprendere al meglio le differenze tra un'unità didattica e un'unità didattica di apprendimento, è necessario analizzare entrambe nel dettaglio.

Un'unità didattica comprende le attività che un docente svolge nel suo lavoro. È suddivisa in diverse fasi di apprendimento e comprende le fasi di attuazione e di apprendimento. L'insegnante ha il compito di:

- attuare le lezioni come precedentemente pianificato;
- decidere la metodologia di insegnamento;
- definire gli obiettivi;
- pianificare il processo di apprendimento;
- scegliere gli argomenti da trattare in ogni anno scolastico;
- valutare gli alunni.

L'unità si concentra quindi sull'insegnante e sulle sue decisioni in merito ai contenuti da trattare, alle conoscenze da acquisire e alle competenze da sviluppare. Una verifica finale per ogni argomento della lezione, l'unità didattica permette di capire quali competenze sono state acquisite e quali sono ancora carenti. Concentrandosi sull'attività e sui metodi di insegnamento dell'insegnante, l'unità didattica sviluppa la coerenza nello scambio di idee con la classe.

La prima differenza tra un'unità didattica e un'unità di apprendimento è che la prima, come abbiamo visto finora, tratta solo argomenti, individuali o comuni, che vengono affrontati dall'insegnante. L'ampliamento delle conoscenze della classe è interamente guidato. Inoltre, un'unità didattica si concentra spesso su un argomento alla volta, che viene poi verificato con un test convenzionale a domande e risposte. Il processo di apprendimento è quindi lineare, senza spazio per l'autonomia individuale di gestione. Fino alla riforma introdotta dal Miur, come vedremo più avanti, questa era l'unica modalità di insegnamento/apprendimento predeterminata.

Oggi, nella scelta tra l'utilizzo di unità didattiche e unità didattiche di apprendimento, quasi tutti gli insegnanti optano per la seconda opzione. Un'unità didattica di apprendimento è un approccio diverso perché è basata sul processo e sull'acquisizione di competenze e conoscenze. Fa parte di un quadro multi-soggetto e mira a sviluppare le competenze trasversali degli studenti. Si applica dalla scuola primaria alla secondaria e l'unità didattica di apprendimento si concentra sull'allievo.

Per quanto riguarda gli esempi pratici applicabili alle scuole secondarie, possiamo pensare, ad esempio, allo sviluppo di un macro-tema. Ad esempio, il femminismo e il cambiamento del ruolo della donna fin dalle sue origini. Partendo da questo tema, si sviluppa uno studio multidisciplinare che coinvolge diverse materie e che sarà sicuramente più stimolante. Ma sono tanti e diversi gli esempi da utilizzare per un'unità didattica di apprendimento. Come ad esempio:

- cittadinanza attiva, stato di diritto e lotta alla mafia;
- guerre mondiali e scenari geopolitici;
- il campo della tecnologia, dei social network e dei mass media;
- il fenomeno delle migrazioni, tra integrazione e intolleranza;
- il ruolo della donna nel tempo e nella società contemporanea;
- interculturalità e conoscenza dell'altro;
- la conoscenza del territorio e la promozione delle sue attrattive;
- lavoro, diritti, sicurezza e leggi economiche;
- mondo globale e locale;
- natura, ambiente e cambiamento climatico;
- rappresentazione della vita e/o morte nelle diverse culture e nel tempo;
- salute, estetica, benessere, conflitto psicologico nell'uomo.

Al MIUR si deve l'introduzione dell'approccio delle unità didattiche di apprendimento, che mira a rendere il sistema scolastico più inclusivo, partecipativo e basato sulla risoluzione di problemi che possono presentarsi nella vita reale. Pertanto, le unità didattiche di apprendimento, devono essere adattabili, cambiare in base ai tempi che corrono, introdurre le innovazioni necessarie ed essere ispirate sulla base degli studenti e del loro ambiente.

Differenze nella metodologia e negli obiettivi

Finora abbiamo analizzato le unità didattiche e unità didattiche di apprendimento. Se le confrontiamo con alcuni dei concetti che abbiamo acquisito lungo il percorso, possiamo dire che in generale stanno cambiando:

- focus: insegnante vs. alunni;
- focus: singola disciplina vs. studi trasversali;
- obiettivi: prestazioni positive, da verificare con test, verso l'acquisizione di competenze fine a sé stesse;
- struttura: lineare vs. flessibile.

In particolare, le differenze tra unità didattica e unità didattica di apprendimento sono le seguenti:

cambia il ruolo centrale attribuito all'acquisizione delle competenze;

- a livello di dinamismo, l'unità didattica di apprendimento è sicuramente molto più efficace. Essa comprende anche eventi e attività volte a modificare gli obiettivi in base alle esigenze dell'alunno e in modo proattivo;
- è diverso anche l'oggetto dell'attenzione, che è il docente nel caso delle unità didattiche e l'alunno nel caso delle unità didattiche di apprendimento;
- il contenuto dell'unità didattica è culturalmente unitario, mentre quello dell'unità didattica di apprendimento presta maggiore attenzione alla pluralità delle idee;
- l'unità didattica svolge una funzione prevalentemente didattica, come dice il nome stesso. D'altra parte, l'unità didattica di apprendimento è più formativa;
- se la performance e la valutazione sono gli obiettivi dell'unità didattica, non è così per l'unità didattica di apprendimento,

dove si tratta soprattutto di obiettivi formativi e di costruzione di competenze.

L'unità didattica risulta quindi essere un metodo di insegnamento tradizionale e classico, incentrato sulla figura dell'insegnante e sulle sue scelte didattiche. L'unità didattica di apprendimento, invece, si concentra sul singolo allievo ed è più responsabilizzante: la figura dell'insegnante viene messa al servizio dell'allievo, in modo da fornirgli gli strumenti funzionali all'acquisizione di competenze e alla risoluzione di problemi che si presenteranno anche nel mondo esterno. Nel caso del desiderio di acquisire competenze trasversali, è il più efficace e anche al passo con i tempi moderni.

Pro e contro dell'Unità Didattica di Apprendimento

I vantaggi dell'unità didattica di apprendimento possono essere così riassunti:

- richiede una partecipazione più attiva, grazie all'utilizzo di metodologie e strategie di insegnamento che sono più coinvolgenti e motivanti per gli studenti;
- incoraggia gli studenti a sviluppare un pensiero complesso, che è abituato a collegamenti interdisciplinari e alla risoluzione di situazioni problematiche;
- incoraggia la collaborazione e la pianificazione congiunta tra gli insegnanti e quindi integrata una visione olistica del progetto educativo dell'alunno.

Gli svantaggi evidenziati nel corso del suo utilizzo, sono i seguenti:

- le attività possono essere difficili da gestire;

- è più destrutturato;
- cambia il ruolo dell'insegnante che dall'essere l'unico depositario della conoscenza, assume un ruolo di "facilitatore";
- se male organizzato, può essere dispersivo e non sempre facile da capire per gli alunni e gli studenti, e quindi necessita di una presentazione chiara con richiami costanti.

Quindi l'unità didattica di apprendimento può essere sì più complessa e laboriosa nella fase di pianificazione, ma anche più stimolante. L'aspetto positivo è che una volta pianificata, può essere sempre riutilizzabile o si può adattare ad altri contesti di apprendimento.

Obiettivi di una UDA

Il DPR 275/1999 stabilisce che il Ministero dell'Istruzione, dell'Università e della Ricerca, è responsabile della definizione degli "*obiettivi specifici di apprendimento relativi alle competenze degli studenti*".

Questo termine si riferisce alle conoscenze e alle abilità che gli alunni devono acquisire come risultato delle attività didattiche ed educative inerenti al sistema scolastico. Questi obiettivi sono misurabili e dimostrabili secondo la letteratura pedagogica.

La riforma Moratti (Legge 53/2003), con l'innovazione dei curricoli adattati, ha introdotto uno degli elementi chiave per rendere più raggiungibili e misurabili gli obiettivi specifici di apprendimento. La maggiore personalizzazione del percorso formativo di ogni alunno e l'adattamento delle unità di apprendimento ai bisogni educativi specifici dei singoli alunni, consentono al personale docente, e quindi alle istituzioni scolastiche, di guidare gli alunni in modo più efficace nel raggiungimento dei loro obiettivi di apprendimento individuali. Non si tratta, ovviamente, di far apprendere gli alunni individualmente, in modo diverso da un alunno all'altro, ma di progettare e pianificare i percorsi di apprendimento tenendo conto delle capacità e dei bisogni specifici degli alunni delle diverse classi, dopo una breve analisi del loro punto di partenza.

Gli obiettivi specifici di apprendimento sono diversi da quelli che il Miur definisce invece "obiettivi generali del processo educativo", che hanno una portata più ampia e sono intrinsecamente legati alla crescita personale dell'alunno nel suo complesso. Gli obiettivi generali sono di natura metacognitiva (ad esempio "imparare a imparare" e interiorizzazione di un metodo di studio valido e standardizzato), relazionale (ad esempio il lavoro di gruppo) e relazionale (autonomia e creatività).

Entrambe le categorie di obiettivi differiscono tra i livelli educativi e le discipline. In particolare, gli obiettivi specifici di apprendimento variano da anno ad anno e da disciplina a disciplina.

Per quanto riguarda le scuole secondarie di secondo grado, in particolare i licei, il Ministero dell'Istruzione ha prodotto nel 2010 un documento intitolato "*Indicazioni nazionali sugli obiettivi specifici di apprendimento*", relativo alle attività e agli apprendimenti inclusi nei curricoli di ciascuna scuola secondaria di secondo grado.

Il documento è il risultato del lavoro congiunto di diverse figure di spicco del mondo accademico e culturale e fornisce essenzialmente un quadro di riferimento a cui ogni scuola secondaria deve adeguare il proprio curriculum. Gli obiettivi specifici di apprendimento sono suddivisi per materia, aspetto che sottolinea come ogni disciplina sia un tassello preciso di un mosaico più ampio e completo, con caratteristiche e contorni propri. Ogni materia contribuisce alla crescita formativa dell'allievo, ma ha contenuti e specificità linguistiche proprie.

Quali sono gli obiettivi dell'Unità Didattica di Apprendimento

L'obiettivo principale dell'unità didattica di apprendimento è lo sviluppo di competenze che traducono abilità e conoscenze in prestazioni. Le competenze sono quindi un obiettivo da raggiungere, anche con successive approssimazioni.

All'interno dell'unità didattica di apprendimento, andranno a scriversi gli obiettivi di apprendimento e gli obiettivi di competenza: ossia i criteri per la valutazione delle competenze attese. Gli obiettivi di apprendimento definiscono le aree di conoscenza, abilità e competenze che sono considerate essenziali per raggiungere gli obiettivi di sviluppo delle competenze. Cosa si dovrebbe scrivere negli obiettivi di apprendimento?

- Gli obiettivi formativi: esprimono lo scopo generale della lezione, indicano il contenuto della lezione e la sua relazione con le altre parti del corso: indicano la direzione dell'insegnamento e sono più generali dei risultati di apprendimento.
- Gli obiettivi generali: obiettivi molto ampi ma che iniziano già a delineare e definire al meglio quali saranno gli obiettivi da raggiungere una volta conclusa l'unità didattica di apprendimento. Ogni sotto-obiettivo ha uno o più obiettivi specifici;
- Gli obiettivi specifici: che indicano chiaramente i cambiamenti o i risultati attesi. Questo termine si riferisce alle conoscenze e alle competenze che ci si aspetta che gli alunni apprendano come risultato delle attività didattiche ed educative del sistema scolastico. Questi obiettivi sono misurabili e certificati secondo la letteratura pedagogica;
- Gli obiettivi trasversali: che indicano e rappresentano i collegamenti e le relazioni tra fenomeni, eventi e concetti.

Mirano ad analizzare e risolvere situazioni problematiche, verificare ipotesi di soluzione individuare collegamenti e relazioni tra fenomeni, eventi e concetti;

- Gli obiettivi cognitivi: sono quindi quelli perseguiti attraverso la programmazione dalle singole discipline in relazione alla formazione delle personalità professionali per le quali l'Istituto si impegna. Sono misurati in decimi (punteggio da 10 a 1; 6 = sufficienza).

Esistono alcune strategie che permettono il raggiungimento e la definizione degli obiettivi all'interno dell'unità didattica di apprendimento, al fine di costruire e favorire un senso di appartenenza come la positività, la precisione (a discapito dell'essere severi), il riconoscimento di ogni successo raggiunto dall'alunno, anche se piccolo, le priorità, lo stabilire obiettivi che siano sempre realistici, l'introduzione della misura di progressività e la stesura di un diario, giornaliero o meglio ancora settimanale, per tenere conto dei progressi.

Gli obiettivi di apprendimento devono essere formulati in modo chiaro e operativo, in modo da poterne misurare l'effettivo raggiungimento. Gli obiettivi formulati in modo vago e poco chiaro sono difficili da monitorare perché non ci sono parametri oggettivi per misurare i progressi.

Cosa sono gli obiettivi di apprendimento, sono quindi azioni specifiche che gli studenti dovrebbero essere in grado di eseguire se hanno imparato qualcosa. Un obiettivo di apprendimento è composto da due parti: un nucleo, che indica quando gli studenti dovrebbero essere in grado di eseguire un'azione specifica, seguito da un'azione. Al loro interno trovano posto anche gli obiettivi minimi di apprendimento: ossia conoscenze essenziali specifiche di ogni disciplina, dettagliate per conoscenze, abilità/saperi e competenze; così come la definizione degli obiettivi minimi di apprendimento per gli studenti con disabilità che non utilizzano la programmazione differenziata.

Ma dove trovare gli obiettivi specifici di apprendimento?

Il PECUP, ossia il Profilo Educativo, Culturale E Professionale, al termine del primo ciclo di istruzione fornisce una bussola per la definizione degli obiettivi generali del processo educativo e degli obiettivi specifici di apprendimento in base ai diversi periodi didattici che caratterizzano i gradi scolastici di ogni ciclo.

Gli obiettivi della didattica per competenze sono quelli di promuovere una metodologia di insegnamento e apprendimento di tipo laboratoriale. L'ambiente in cui vengono insegnate le materie dovrebbe assumere sempre più le caratteristiche di un laboratorio, dove le persone lavorano individualmente o in gruppo per risolvere esercizi e problemi sotto la guida degli insegnanti.

Gli obiettivi da fissare devono essere: chiari, ben definiti nelle loro componenti, cioè non devono lasciare spazio a interpretazioni, misurabili, cioè il loro raggiungimento o meno deve essere un fatto oggettivo e non una valutazione soggettiva.

All'interno dell'unità didattica di apprendimento, trova posto anche la programmazione personalizzata. Il PEI definisce: gli obiettivi dell'insegnamento, dell'educazione e dell'apprendimento (compresi gli obiettivi di inclusione e socializzazione); gli strumenti, le strategie e i metodi per raggiungerli; le attività di apprendimento (metodologie, strutturazione e orari). Nel PEI per gli obiettivi minimi, i docenti di ogni materia sono tenuti a specificare per la propria materia gli obiettivi minimi che uno studente certificato, come tutti i suoi compagni, deve raggiungere per ottenere la sufficienza. La legge parla di un PEI semplificato come percorso per obiettivi minimi (l'alunno segue il curriculum dei suoi coetanei, ma con obiettivi semplificati). Il PEI semplificato deve essere concordato all'inizio del ciclo o al massimo all'inizio di ogni anno scolastico. In generale, gli obiettivi sono di livello superiore rispetto ai traguardi e definiscono cosa succede quando un progetto viene completato con successo e come è allineato con gli obiettivi aziendali generali. D'altro canto, gli obiettivi di progetto sono più dettagliati e specifici.

Quadro normativo con normativa europea e nazionale

Insegnamento competente: la legislazione nazionale

Il legislatore italiano ha recepito gli inviti europei a porre i curricoli al centro delle competenze nei documenti relativi a istruzione e formazione, emanando una serie di disposizioni che di seguito vengono riportate.

- DPR 275/1999 (Decreto sull'autonomia delle istituzioni scolastiche);
- L 53/2003 (Delega al Governo per la definizione delle norme generali sull'istruzione e dei livelli essenziali delle prestazioni in materia di istruzione e formazione).
- D.Lgs. 59/2004 (Definizione delle norme generali relative all'istruzione prescolastica e all'istruzione di primo grado, per i primi livelli di istruzione, a norma dell'articolo 1 della legge 28 marzo 2003, n. 53);
- Decreto legislativo n. 59 del 19 febbraio 2004. Allegato B - Indicazioni nazionali per il curricolo adattato nella scuola primaria. Allegato C - Indicazioni nazionali per i curricoli adattati nella scuola secondaria di primo grado. Allegato D - Profilo dell'alunno PECUP - Profilo educativo, culturale e professionale dell'alunno al termine del primo ciclo scolastico Istruzione (6-14 anni);
- Decreto legislativo del 17 ottobre 2005 Norme generali e livelli essenziali delle prestazioni relativi al secondo ciclo del sistema

educativo di istruzione e formazione, ai sensi della Legge 53/2003. Formazione ai sensi della Legge 53/2003;

- DM 139/2007 e allegati sull'assolvimento dell'obbligo scolastico;
- DPR 87/2010 (riorganizzazione degli istituti professionali); DPR 88/2010 (riorganizzazione degli istituti tecnici); DPR 89/2010 (riorganizzazione dei licei);
- Ministero dell'Istruzione Direttive 211/2010 Indicazioni nazionali riguardanti gli obiettivi specifici di apprendimento relativi ad attività e insegnamenti inclusi nei curricoli. attività e insegnamenti compresi nei piani di studio previsti per i percorsi della scuola secondaria di secondo grado;
- Direttive del Ministero dell'Istruzione n. 57 del 15 luglio 2010 e n. 65 del 28 luglio 2010 (Indicazioni per il curricolo del primo biennio degli istituti tecnici e professionali);
- Direttive del Ministero dell'Istruzione n. 4 e 5 del 16.1.2012 (Linee guida per il curricolo rispettivamente del secondo biennio e del quinquennio degli istituti tecnici e professionali);
- Indicazioni nazionali per il curricolo della scuola dell'infanzia e della scuola secondaria di primo grado, adottate con Decreto Ministeriale n. 254 del 16 novembre 2012.

Capitolo 2

Come strutturare l'UDA

Come rispondere alle domande che chiedono di strutturare un'unità di apprendimento. La prova scritta nei concorsi per la scuola secondaria di secondo grado consiste in domande a risposta aperta volte a valutare il livello di conoscenze e competenze del candidato in aree rilevanti per il suo grado. In base all'esperienza dei concorsi precedenti, una domanda della prova scritta può consistere in un quesito a risposta aperta diviso in due parti: la prima che indica l'argomento principale o il campo di applicazione del riferimento, e la seconda che definisce un compito relativo alla preparazione di uno schema di progetto o di un'unità di apprendimento. In questo capitolo vedremo una panoramica sulle conoscenze necessarie e su come preparare il concorso con un focus particolare alla preparazione dell'Unità didattica di apprendimento.

Come elaborare UDA

Come progettare un'unità didattica di apprendimento? Molti insegnanti si trovano nella situazione di dover progettare competenze od obiettivi di apprendimento senza avere un piano d'azione. Tuttavia, esistono linee guida del MIUR e metodi e modelli di riferimento che spiegano come progettare efficacemente un'unità di apprendimento come parte di un percorso di apprendimento interdisciplinare.

Chi deve progettare l'unità di apprendimento? Il livello più alto è quello della commissione o del gruppo di lavoro della riforma. In questo caso, c'è il rischio che la progettazione sia di buona qualità ma non adattata al contesto della singola classe. Se l'UDA è progettata dai dipartimenti dell'Asse o dai collegamenti interassiali, c'è il rischio che sia dispersiva. Al contrario, se l'unità è progettata dai consigli di classe, è più vicina alle esigenze specifiche degli alunni e al contesto della classe. È anche più flessibile. E, come abbiamo visto nel precedente capitolo, la durata dell'unità didattica di apprendimento può variare: piccola, 12-15 ore con un massimo di tre fasi; media, 20-25 ore con un massimo di 5 fasi; grande, 30-40 ore o più, con un minimo di 6 fasi e più competenze da promuovere.

Un'UDA è un percorso educativo interdisciplinare progettato intorno a un tema e organizzato in fasi di sviluppo finalizzate al raggiungimento di conoscenze e competenze da parte dell'allievo. In generale, prevede lo sviluppo di un prodotto finale. Per sviluppare un percorso di apprendimento sono necessarie alcune fasi:

una parte introduttiva, in cui devono essere definiti il prodotto finale o i compiti da svolgere; devono essere definite le competenze, le conoscenze e le abilità per ciascuna delle aree coinvolte; deve essere identificato il tema centrale dell'attività;

una parte più dettagliata, che specifica le diverse fasi da svolgere, il calendario, le attività e le strategie di apprendimento da utilizzare e il tipo di valutazione da utilizzare.

In linea generale, diversi docenti e futuri docenti, trovato adatto familiarizzare con la programmazione dipartimentale della propria istituzione e con la sua suddivisione nell'arco dell'anno, in modo da poter collocare gli argomenti non solo nei diversi anni ma anche nei diversi mesi dell'anno. Non mancano di conoscere le linee guida di riferimento della propria disciplina per definire le conoscenze e le competenze che gli studenti devono raggiungere in relazione a ciascun argomento. La tempistica deriva infatti dalle linee guida ed è quindi strettamente legata alle conoscenze e alle abilità. È necessario poi conoscere le diverse metodologie didattiche che possono essere utilizzate per implementare gli argomenti: didattica frontale, apprendimento cooperativo, lavoro di gruppo, problem solving, role-playing, flipped Classroom, nonché i diversi strumenti, come ad esempio libro di testo, la Lim, video, articoli di giornale, slide. Conoscere i diversi tipi di test che possono essere somministrati è essenziali. Questi potranno essere strutturati, semi-strutturati, a risposta aperta, esempi pratici e i relativi criteri di valutazione da adottare. Importante inoltre conoscere gli strumenti di recupero da utilizzare per gli studenti con voti insufficienti: eventuale lavoro di recupero continuo, utilizzo di contatori di apprendimento, corsi di recupero con esami finali generalmente strutturati che consentano una valutazione oggettiva. E sapere come progettare la valutazione, indicando i destinatari, i tempi, le competenze da raggiungere, i metodi, le attività e gli strumenti di valutazione. E anche conoscere quali strumenti compensativi e dispensativi possono essere utilizzati per gli alunni con bisogni educativi speciali (BES). Infine, la consapevolezza dei collegamenti interdisciplinari con altre discipline è essenziale.

1. Da dove iniziare

Per iniziare a progettare un'unità didattica di apprendimento, si possono utilizzare diversi approcci. Si può partire da un tema interdisciplinare comune da sviluppare o da un compito realistico con un saggio o un prodotto finale da realizzare. In alternativa, si possono prima definire le competenze da raggiungere o consolidare e poi definire un compito realistico che sia funzionale a questi obiettivi._È importante che gli insegnanti non dimentichino le conoscenze e le abilità che gli studenti possiedono in ogni fase del progetto.

2. Scelta dei contenuti e degli obiettivi

Successivamente, è necessario selezionare le competenze obiettivo da promuovere, le conoscenze e le abilità da sviluppare e i contenuti di apprendimento da includere a livello interdisciplinare. È possibile sia approfondire conoscenze già trattate a livello interdisciplinare, sia seguire contenuti non ancora trattati dal punto di vista di una materia, per poi adattarli in modo da collegare due o più aree.

3. Definire i compiti da svolgere

I compiti del mondo reale sono utili per promuovere e valutare le competenze acquisite attraverso l'UDA. Pertanto, il progetto può includere uno o più compiti di questo tipo. Nel caso di un singolo compito, se è ampio, è preferibile prevedere fasi intermedie per consentire una valutazione progressiva. Nel caso di più prodotti, l'approccio può essere mono disciplinare per ogni prodotto con un macro-tema comune.

4. Organizzazione del programma UDA in fasi

La seconda parte dell'unità di apprendimento prevede la preparazione di un piano di sviluppo suddiviso in fasi. Ogni fase dovrebbe avere un titolo, un aspetto dell'apprendimento in termini di contenuti, attività, strategie e prodotti e infine una valutazione. Le fasi dell'UDA possono essere collegate o parallele e indipendenti, a seconda delle competenze da sviluppare. Ogni fase è solitamente implementata dall'insegnante, sviluppa competenze e conoscenze e deve essere applicabile al prodotto finale dell'UDA e al raggiungimento degli obiettivi. Se una fase include un prodotto intermedio, questo deve essere valutato in modo che gli alunni possano essere allineati sugli obiettivi da raggiungere.

5. Scelta delle attività e delle strategie di apprendimento

Le strategie di apprendimento da utilizzare devono essere interessanti e partecipative, dall'uso di giochi al brainstorming o all'apprendimento collaborativo in gruppo. Ogni fase dovrebbe includere un prodotto intermedio utile per valutare le competenze, le abilità e le conoscenze promosse da test tradizionali o basati sulle competenze.

6. Definizione degli strumenti e dei criteri di valutazione

Per raggiungere l'obiettivo, è necessario definire i criteri e gli strumenti di valutazione. Questo processo può essere realizzato attraverso la creazione di una griglia di valutazione o attraverso reti di osservazione sistematica legate alla valutazione del livello di competenza degli studenti coinvolti. L'insegnante può scegliere un test tradizionale o di competenza, strutturato o non strutturato, per determinare il livello di abilità e conoscenza ed eventualmente modificare l'unità didattica.

7. Creare un calendario

Gli interventi possono essere pianificati con un programma cronologico, utilizzando un diagramma di Gantt per determinare il periodo di insegnamento e le lezioni dedicate. In questo modo, l'insegnante ha la possibilità di modificare il calendario delle attività e di pianificare gli interventi didattici, se necessario, sulla base dei risultati delle valutazioni intermedie.

8. Preparazione di un documento per gli alunni

Il punto focale della pianificazione delle unità nella scuola secondaria è la presentazione dell'UDA agli alunni, che deve essere fatta in modo semplice e chiaro per tutti. La presentazione dell'UDA deve includere i seguenti punti:

- come verrà effettuata la valutazione;
- come verranno svolti i compiti;
- cosa viene richiesto agli alunni;
- i prodotti da realizzare, come, quando, gli strumenti disponibili;
- quali sono le motivazioni di questi requisiti.

Seguendo questa procedura e le indicazioni del MIUR, qualsiasi insegnante di scuola secondaria può facilmente padroneggiare la progettazione secondo UDA.

I livelli di progettazione

Dobbiamo distinguere tra istruzione, formazione e didattica.

L'istruzione, si riferisce a ciò che viene insegnato, alla quantità e alla qualità dei contenuti, la formazione, è vicina alla sistemazione delle abilità, alla loro padronanza, ed è quindi in qualche modo simile all'insegnamento; la didattica è l'insieme delle tecniche e degli strumenti che un insegnante utilizza in classe per suscitare l'interesse e la curiosità dei suoi alunni al fine di rendere più efficace l'apprendimento. Ed è quindi un modo di insegnare.

La progettazione didattica si riferisce ai percorsi metodologici, tecnici e strumentali messi in atto dall'insegnante e poi realizzati in classe o in laboratorio. La didattica si concentra sul docente, mentre la formazione si concentra sull'alunno. La progettazione è un processo legato a come pensare e affrontare la realtà per trasformarla. Si tratta quindi di un approccio metodologico basato sulla ricerca e sull'identificazione dei problemi, dall'analisi della domanda di formazione alla progettazione di interventi in grado di soddisfarla. La progettazione è l'anticipazione di un'azione che è parte integrante della professionalità dell'insegnante.

La progettazione è quindi un insieme di attività volte a organizzare sistematicamente le risorse umane e materiali, intellettuali e tecnologiche disponibili o accessibili, al fine di produrre modelli operativi di interventi educativi. Qualsiasi attività di progettazione comporta un'analisi del contesto globale o specifico, la definizione dei risultati formativi e, se necessario, la ricalibrazione degli obiettivi, organizzare gli interventi in fasi, moduli o unità, la definizione di strategie, metodi e tecniche di insegnamento, una selezione di tecnologie appropriate e dei relativi metodi di comunicazione, interazione e utilizzo, la definizione dei criteri di verifica, degli standard di valutazione e degli indicatori di monitoraggio, la suddivisione e l'assegnazione di compiti e attività.

La pianificazione didattica si basa sulla capacità di pensare in modo strategico, di integrare i fattori complessi dell'apprendimento e dell'insegnamento nell'organizzazione dell'ambiente e delle attività, nella selezione delle priorità, nella produzione dei materiali, nella verifica dei risultati, nella valutazione dell'impatto dell'offerta formativa e nell'analisi degli effetti a medio e lungo termine.

La pianificazione e l'analisi dell'apprendimento servono a progettare diverse situazioni di apprendimento, nuove procedure flessibili che conciliano le esigenze del sistema con quelle dell'individuo, ciò che l'apprendimento dovrebbe effettivamente trasmettere all'alunno, quali dovrebbero essere gli strumenti e i criteri appropriati.

Come devono essere individuati e selezionati i progetti di apprendimento? Innanzitutto, il progetto deve essere una risposta a un bisogno individuale o sociale che può essere soddisfatto dall'offerta formativa della scuola. Poi si deve considerare la fattibilità del progetto. Un buon progetto di apprendimento mira a sviluppare le competenze degli alunni: se non ci sono miglioramenti, il progetto deve essere scartato. Inoltre, occorre considerare la validità e la fattibilità del progetto. Esso fornisce un valore aggiunto all'apprendimento degli alunni e deve essere sostenibile per l'organizzazione scolastica in termini economici e logistici, in termini di risorse professionali, sia interne che esterne alla scuola.

Nella fase iniziale di selezione di un'idea, è quindi necessario prendere in considerazione tutte le alternative possibili e considerare quella ottimale, cioè la più diffusa. Nella scuola è necessario progettare i percorsi, gli interventi, l'offerta formativa, perché solo così si possono individuare e condividere le sequenze più adatte agli obiettivi, agli alunni, alle situazioni.

Progettare significa sempre riferirsi a una meta, a un obiettivo. Pianificare in ambito educativo significa soprattutto tradurre la volontà di realizzare la propria visione del futuro in un'azione formativa deliberata. La pianificazione non può quindi essere ridotta a una tecnica, anche se si riferisce a un insieme complesso di tecniche. È il mezzo con cui si realizza il progetto della società, dell'uomo e dell'educazione. Esistono molte forme di progettazione educativa; vediamo i tipi più comunemente utilizzati:

- Progettazione per obiettivi;
- Progettazione per contenuti;
- Progettazione per concetti;
- Progettazione per situazione;
- Progettazione per padronanza;
- Progettazione per soggetti.

Le prime tre, sono progettazioni che anticipano le attività in classe e sono focalizzate sul prodotto.

In questo caso, avremo un intervento educativo autoregolato, un monitoraggio del processo e supervisione continua, l'obiettivo generale, l'anticipazione dei risultati e capacità di intervenire in itinere, l'apprendimento come fenomeno prevedibile e gestibile, l'insegnamento pianificato. Inoltre sarà possibile riscontrare l'obiettività nella valutazione delle conoscenze e delle competenze, la visibilità dei prodotti e dei comportamenti, la revisione logica e pianificata delle fasi di apprendimento e i metodi di valutazione quantitativa.

I tre tipi successivi, sono caratterizzati da un'attenzione all'alunno e ai suoi processi di apprendimento, nonché alla simultaneità tra pianificazione e azioni di apprendimento. In questi casi, tale pianificazione presenta le seguenti caratteristiche:

- coerenza psicologica con gli interessi dei bambini;
- gli studenti che fanno esperienza diretta dei processi di scoperta;
- il benessere del gruppo di apprendimento nelle relazioni;
- l'attività di ricerca e di laboratorio;
- l'insegnante come facilitatore e consigliere;
- metodi qualitativi (descrittivi e inclusivi) derivati da discipline psicologiche e psicosociali;
- rilevanza emotiva e affettiva del lavoro in classe;
- temi di attualità per trovare continuità con le esperienze concrete e dirette degli alunni;
- un metodo che si concentra su forme di pensiero riflessivo (problem-setting e problem-solving);
- valutazione del processo (dinamiche di partecipazione e condivisione, significatività soggettiva delle attività) e valutazione dei percorsi di cambiamento.

Poiché l'organizzazione delle esperienze di apprendimento è strettamente legata all'organizzazione didattica, esistono anche approcci generalmente accettati alla progettazione. Per la progettazione delle conoscenze, è meglio partire dall'esperienza e poi procedere alla presentazione e alla formalizzazione; per la trasmissione delle conoscenze, può essere sufficiente una lezione, più o meno interattiva, con o senza l'uso di attrezzature audiovisive o tecnologiche; per la progettazione delle competenze, è funzionale la sequenza spiegazione-dimostrazione-esercizio; per lo sviluppo delle competenze, sono più appropriate le procedure di problem-solving legate all'esperienza degli alunni.

Progettazione per obiettivi

La pianificazione per obiettivi è uno dei modelli di pianificazione. Questo tipo di pianificazione segue l'ipotesi gerarchica dell'apprendimento e cerca di organizzare l'insegnamento secondo una sequenza principalmente lineare, dalla più semplice alla più complessa, e di strutturare le diverse fasi in modo da facilitarne la gestione. Le fasi della pianificazione per obiettivi sono:

- Analisi della situazione iniziale;
- Attuazione;
- Definizione degli obiettivi;
- Organizzazione e definizione dell'attività;
- Scelta dei contenuti;
- Selezione e disposizione di materiali e strumenti;
- Strutturazione delle sequenze di apprendimento;
- Valutazione.

L'aspetto principale è la definizione dei prerequisiti e la loro ulteriore differenziazione in essenziali, cioè necessari e indispensabili per raggiungere il risultato atteso o di supporto, cioè quelli che possono aiutare il nuovo apprendimento facilitandolo o accelerandolo. La pianificazione può quindi essere definita come la descrizione di un processo, cioè di un insieme di attività o sequenze di operazioni che sono globalmente appropriate per ottenere risultati produttivi o servizi di qualità.

La prima operazione di tutte è quindi un'analisi attenta e precisa della situazione di partenza, individuando e definendo le precondizioni attraverso l'osservazione dei bisogni e delle risorse. Il punto di partenza ottimale per la pianificazione didattica è lavorare a ritroso, cioè partire dai risultati che si vogliono raggiungere e quindi chiedersi cosa si vuole ottenere, non cosa si vuole fare, a cosa si vuole aspirare. Questo include ciò che l'insegnante deve decidere e anche ciò che è già stato affrontato da decisioni prese a livello più generale. L'atto di pianificazione viene identificato con gli obiettivi che costituiscono il corpo principale della pianificazione tradizionale. L'apparato di obiettivi deve essere organicamente pianificato, nel senso che rappresenta una mappa selezionata in cui obiettivi e compiti sono definiti, scomposti, organizzati, gerarchizzati.

Il docente deve distinguere analiticamente gli obiettivi educativi più generali da quelli più dettagliati, che corrispondono a micro-comportamenti o a punti finali di abilità o acquisizioni che possono essere oggettivamente osservati (verificati) in piccole unità. Per ogni obiettivo è quindi più facile individuare le persone/enti coinvolti, i processi, le risorse tecnologiche necessarie, i tempi di produzione e aggiornamento, le competenze coinvolte, l'interazione con altre applicazioni, l'interazione con altri obiettivi. Alla luce delle priorità individuate, il peso degli obiettivi individuati e l'avanzamento operativo strutturato saranno determinati e tradotti in azioni concrete, il cui valore potrà essere determinato ex-post, cioè in termini di contributo al raggiungimento del risultato. Obiettivo principale qui è la definizione degli obiettivi che saranno poi suddivisi in sotto-obiettivi.

L'elemento più caratteristico rimane il passaggio da "obiettivi generali e specifici" a "obiettivi formativi", che vengono veicolati a livello didattico dalle unità didattiche definite dagli insegnanti, al termine delle quali viene stilato un quadro di competenze personali che ogni alunno sarà in grado di strutturare. L'obiettivo dev'essere collegato a un insieme unico e minimo di competenze, collegato a comportamenti concreti e non ambigui, distinto e identificabile sia in fase di progettazione che di azione didattica, osservabile e misurabile al momento dell'attuazione e alla fine. Deve quindi essere minimo, concreto, descrivibile e non ambiguo. In questa fase e in quella successiva, quindi, l'unità educativa, il progetto educativo, viene formulato e definito con sempre maggiore precisione. Il passo successivo è quindi quello di definire la progettazione dei corsi predisponendo gli strumenti: didattica, valutazione, metodi, definizione dei contenuti, tempi. Infine, è necessario verificare che i risultati siano in linea con gli obiettivi fissati all'inizio e continuare il processo.

Uno dei modelli di insegnamento più noti è il modello di padronanza di Bloom del 1977, secondo il quale la maggior parte degli studenti può raggiungere un alto livello di apprendimento se l'approccio all'insegnamento è sistematico; gli studenti sono aiutati quando hanno difficoltà E hanno tempo sufficiente per acquisire le conoscenze; se c'è un chiaro punto di riferimento per la padronanza. Si tratta di un sistema individualizzato in cui la funzione dell'insegnante è quella di facilitatore e coordinatore dei processi di apprendimento adattati alle esigenze personali, dove la valutazione, o meglio l'autovalutazione, funge da feedback sulla qualità dell'apprendimento e da bussola per la correzione. Alla fine di ogni fase, si valuta il risultato dell'insegnamento, quali obiettivi sono stati raggiunti e quali no. L'obiettivo è, ovviamente, che l'allievo risponda agli stimoli proposti con un comportamento coerente; in caso di insuccesso, l'insegnante deve analizzare gli elementi in suo possesso per individuarne le cause e quindi correggere la rotta o adattare la fase successiva. Questa costante possibilità di verifica e ricontrollo fa sì che la valutazione sia un mezzo per ottenere informazioni sull'efficacia dell'apprendimento al fine di migliorarlo e di verificarne la tassonomia, cioè l'ordine gerarchico degli obiettivi.

Tuttavia, la pianificazione per obiettivi è molto spesso considerata un punto di riferimento, un punto di partenza, per la maggior parte dei modelli, è la più utilizzata, e sebbene sia criticata per l'eccessiva rigidità, ha il vantaggio di essere estremamente chiara ed efficace nella formazione e nell'acquisizione di competenze.

Progettazione per contenuti

La progettazione basata sui contenuti si basa sugli studi sulla didattica breve ed è stata inizialmente utilizzata soprattutto nelle materie scientifiche, per poi essere estesa alle materie umanistiche. L'obiettivo della didattica breve è quello di ridurre significativamente il tempo necessario per insegnare e apprendere i contenuti di una materia, rispettando il rigore scientifico e i contenuti stessi. Sembra quindi essere un elemento fondamentale dell'educazione degli adulti, caratterizzata proprio dalla scarsità di tempo e dalla necessità di raggiungere determinati obiettivi in tempi brevi. La didattica breve è soprattutto ricerca metodologica disciplinare, cioè la complessa operazione di ricerca di metodologie che mirano a ridurre al minimo i tempi di insegnamento e apprendimento, ma all'interno di specifiche discipline (e non di una "pedagogia" generale). Tale ricerca ha quindi una linea di sviluppo molto semplice: decostruire la disciplina nel suo contenuto dall'analisi della disciplina decostruita, vengono sviluppati i metodi, riassemblare la disciplina in una versione didattica breve. In questo modo si riduce il tempo ma non il contenuto.

Il primo momento è la tecnica di distillazione (DST), che significa semplicemente evidenziare la logica interna della disciplina (ad esempio, un diagramma a blocchi, un diagramma di flusso, sottolineando le parole chiave del testo). La distillazione verticale è un elenco di tutti gli argomenti che compongono la disciplina, nell'ordine in cui il docente li presenta, e dettagliati fino ai singoli "argomenti" (ogni parte della lezione ha sufficiente unità e coesione). Accanto alle pagine è presente una colonna che elenca i tipi di argomenti trattati. Questo materiale viene consegnato agli studenti e serve loro come casella di navigazione per tutto il corso. Lo studente deve contare le tipologie. Dalla distillazione orizzontale, dalla distillazione verticale, lo studente è chiamato, di fronte a qualsiasi argomento, a determinare quali sono i passi necessari per realizzarlo.

Nelle scienze umane, la distillazione non può essere trascurato il grado di pertinenza della disciplina rispetto alla situazione di apprendimento, la formazione del vocabolario della disciplina, mappe e grafici, la linea del tempo come strumento di orientamento in uno studio modulare, ipertesti.

Infine, è necessario proseguire con estratti ed esempi per illustrare le linee guida culturali dell'argomento che stiamo per spiegare, ma sempre tenendo presente il quadro generale riassunto in mappe e linee del tempo. Le criticità che si evidenziano in questo tipo di progettazione sono principalmente incentrate sulla staticità del sapere: l'intero metodo si concentra solo sulle competenze, senza però tenere conto dell'oggetto e dei metodi non disciplinari. Tra gli elementi interessanti, è sicuramente possibile segnalare l'importanza di individuare gli oggetti culturali fondamentali e di esplicitarne chiaramente i contenuti.

Programmazione per concetti

Se la programmazione per obiettivi ha un movimento regolare, circolare e sequenziale, la programmazione per mappe concettuali, o programmazione per concetti come unità con cui pensiamo al mondo, ha un movimento reticolare. Il termine "mappa concettuale" è stato utilizzato per la prima volta da due studiosi nordamericani, Novak e Gowin, per descrivere le strategie di sviluppo e applicazione della teoria cognitivista dell'apprendimento significativo e la sua applicazione in campo educativo. Essi sostenevano che la rappresentazione grafica della conoscenza era "un modo per evidenziare i significati insiti nel materiale da presentare" perché costringe gli studenti a riflettere sulla natura della conoscenza e sulle loro risposte a essa.

Si può quindi dire che una mappa concettuale è una rappresentazione grafica di concetti espressi in forma sintetica (parole - concetto) in forma geometrica (nodo) e collegati da linee che ne spiegano la relazione attraverso parole e collegamenti. Il compito dell'insegnante è quello di consentire agli alunni di costruire una concezione di rete della disciplina da apprendere. Lo strumento utilizzato è la conversazione clinica, una conversazione tra l'alunno e l'insegnante, che serve all'insegnante per conoscere l'alunno: cosa sa, quali concetti ha già padroneggiato. In base ai risultati, l'insegnante può organizzare il suo insegnamento in filoni.

Questo modello è molto complesso, ha equivalenti scientifici nella psicologia cognitiva e non trascura gli obiettivi o la valutazione, ma vuole essere estremamente flessibile e utilizza anche grafici, mappe e collegamenti in rete. Le mappe concettuali possono essere suddivise in tre blocchi tipologici:

- Mappe cognitive;
- mappe mentali;
- mappe strutturali.

Le mappe cognitive sono progettate per spiegare le conoscenze relative all'argomento. Si tratta di una rappresentazione grafica di un insieme di concetti ed esempi che sono un individuo in relazione a una specifica area di conoscenza. Questo strumento è quindi utile per esplorare le ipotesi e le aspettative degli studenti prima di svolgere qualsiasi attività. Le mappe aiuteranno gli studenti a organizzare le loro conoscenze nel modo più semplice per loro, cioè in modo personale e individuale. Attiveranno processi logici e cognitivi chiaramente propri, trasformando l'apprendimento passivo in apprendimento attivo e costruttivo. Gli insegnanti utilizzeranno le mappe cognitive per facilitare la valutazione delle conoscenze pregresse degli studenti e l'adattamento delle strategie di insegnamento/apprendimento, pianificando anche attività di recupero personalizzate.

Le mappe mentali sono state introdotte per indicare una rappresentazione grafica di una sequenza di idee, formulata con relazioni logico-associative e utilizzando criteri propri dell'autore. La mappa si basa su input esterni, ad esempio dopo la lettura di un brano o lo svolgimento di una lezione, si può chiedere agli studenti di segnare i punti che sono rimasti più impressi nella loro mente, sviluppando così una mappa che collega gli elementi esterni e interni della lezione a cui hanno partecipato. La mappa dovrebbe essere organizzata attorno a un concetto principale da cui si diramano nodi più o meno collegati. I concetti secondari possono essere ulteriormente sviluppati creando altri rami. Il punto su cui le mappe mentali si differenziano è che hanno un unico concetto - una base che viene sviluppata da una struttura radiale secondo un modello associativo, piuttosto che da una struttura gerarchica organizzata secondo collegamenti.

Le mappe strutturali rappresentano tutte quelle relazioni tra i concetti principali trovati e che sono stati dedotti dalla fonte. Una caratteristica di questo tipo di mappe è che sintetizzano e illustrano la struttura dell'informazione, sostituendo l'unidirezionalità dell'informazione testuale con la multi-direzionalità coesiva della rappresentazione grafica. Tali mappe sono uno strumento prezioso per migliorare la qualità dell'apprendimento, in quanto consentono agli studenti di organizzare e conservare il materiale di studio in modo più efficiente e di consolidare la comprensione delle conoscenze acquisite. Sono preziose per gli insegnanti come strumento flessibile di valutazione e verifica, in alternativa alle tradizionali prove scritte e orali, e come strumento per la progettazione di strutture cognitive complesse come ipertesti e contenuti multimediali.

Progettazione per situazioni

Proposto da W. Fornasa, che ha basato questo modello su una concezione reticolare della conoscenza, ritenendo che l'apprendente costruisca la sua conoscenza in una continua interazione tra aspetti cognitivi, emotivi, relazionali, sociali, ludici, ecc. La premessa di partenza è una critica al modello lineare, non solo perché teorico, ma soprattutto perché inadeguato a spiegare la realtà. Questo non significa però rifiutare la programmazione lineare per obiettivi, che conserva un valore storico inestimabile, anche se oggi si sta aprendo a prospettive critiche.

L'idea di un progetto, che si caratterizza per ciò che diventa quando viene realizzato, si adatta meglio alla visione di un processo di conoscenza rispetto a quella di una rete. Tutta la conoscenza è provvisoria e si realizza attraverso la costante riorganizzazione di elementi le cui configurazioni cambiano continuamente. La conoscenza è un processo di costante interazione tra l'osservatore e l'osservato, una costante costruzione di mondi possibili. L'alunno non diventa quindi competente trasferendo la conoscenza, ma solo diventando un costruttore attivo della propria conoscenza.

La situazione è creata artificialmente dall'insegnante attraverso una storia, un gioco, materiale stimolante, e si sviluppa come risultato della costante interazione di osservazioni che indicheranno possibili direzioni di sviluppo. La valutazione si basa sullo sviluppo dell'allievo nelle situazioni create e si fonda sulle attività di osservazione, descrizione, sintesi e interpretazione. Questa pianificazione si suddivide in tre fasi: l'osservazione, l'offerta e lo sviluppo e infine la sintesi e l'interpretazione.

La prima fase è l'osservazione. La conoscenza è un processo di interazione continua e ricorsiva tra l'osservatore e l'osservato, che si scambiano continuamente i ruoli e quindi si ridefiniscono costantemente. In questa fase, non esiste un osservatore che sia completamente al di fuori dell'osservato, quindi l'osservatore e l'osservato non sono fissi e definiti in modo univoco.

La fase di offerta e sviluppo della situazione consiste nell'offrire uno spazio cognitivo relazionale all'interno del quale ognuno possa formare il proprio orizzonte problematico e quindi socializzarlo. Si tratta principalmente di creare contesti comunicativi, a partire da disturbi iniziali avviati dall'adulto, ma su base non obbligatoria che vengono sviluppati e articolati sulla base di osservazioni in corso, la cui lettura fornirà ipotesi/orientamenti di rete sulla base dei quali organizzare altre offerte. La situazione, per mantenere il suo valore formativo, deve rispondere ad alcune caratteristiche: l'oggetto dell'informazione deve avere ampie possibilità di esplorazione; l'interazione cognitiva deve essere favorita il più possibile, permettendo di confrontare il proprio punto di vista con quello degli altri; gli errori devono essere accettati, stimolando nuove conoscenze; il materiale utilizzato non deve essere rigidamente strutturato per offrire maggiori garanzie allo sviluppo del progetto.

Infine, c'è una fase di sintesi e interpretazione. Questa viene svolta insieme all'insegnante. Non si tratta di verificare se gli obiettivi prefissati sono stati raggiunti o meno, perché questi sono dati dallo sviluppo dell'apprendista; quindi, la valutazione assume solo la funzione qualitativa di spiegare l'intero processo formativo.

Si può notare che la programmazione in situazione è efficace per consolidare l'apprendimento attraverso l'analisi dell'esperienza dell'allievo, per rendere immediatamente applicabili le competenze acquisite, per l'apprendimento tecnologico e/o professionale e per l'apprendimento di argomenti difficili.

Progettazione per padronanze

Questo modello, basato su una logica contestuale e integrata, rifiuta l'idea che la conoscenza possa essere in qualche misura innata e determinata e derivare da caratteristiche genetiche o biologiche, e accetta la tesi che la conoscenza sia un'attività euristica di graduale formazione del soggetto dovuta a continui interventi cognitivi che la richiedono continuamente in interazione con molteplici contesti esterni. Nella progettazione per padronanze, si punta alla scoperta e alla sua integrazione. Questa consiste proprio nella capacità di sintetizzare le esperienze di apprendimento e di adattarsi, di rinnovare le strategie di scoperta, di controllare le competenze acquisite e il valore della loro applicazione in contesti diversi.

All'interno di questo modello, la cultura è un insieme di comportamenti personalizzati, consapevoli e responsabili, mentre l'insegnamento è organizzato secondo una mappa metodologica di interventi progettati in modo incoerente. L'insegnamento secondo questo modello implica l'uso di reti concettuali e sistemi di padronanza che derivano non solo dalla capacità dell'insegnante di preparare contenuti rilevanti, ma anche dalle conoscenze e dall'esperienza degli alunni. Questo modello di programmazione didattica è particolarmente appropriato nell'istruzione secondaria, in quanto mira al raggiungimento di competenze professionali, consapevoli e autonome. È orientato a modelli di lavoro che consentono all'insegnante di interpretare e trasformare la propria chiave di lettura del sapere, che non è più tecnologica ma epistemologica, non disciplinare ma metodologica.

Per utilizzare questo modello, devono essere soddisfatte le seguenti condizioni: qualità e quantità nella ricchezza dei problemi da risolvere; efficacia in termini di padronanza promossa nell'insegnante e nell'allievo; economicità in termini di sforzo richiesto rispetto a modelli alternativi.

Le fasi didattiche dei processi di apprendimento iniziano con lo scambio di conoscenze scientifiche: il docente introduce l'argomento e stimola la discussione, gli alunni intervengono ponendo domande che possano stimolare il loro interesse e favorire i collegamenti con le esperienze di vita di ciascun alunno. Questo approccio rappresenta un apprendimento significativo in quanto attinge alle esperienze cognitive e affettive dello studente; inoltre, la consapevolezza delle proprie conoscenze fornisce un'ulteriore motivazione all'apprendimento.

La fase successiva è quella della mappatura, cioè la definizione del rapporto tra scienza e conoscenza scientifica. Lo scopo di questa fase è quello di evidenziare le differenze tra le conoscenze naturali di un individuo e le conoscenze relative a un argomento specifico, che l'insegnante spiega in modo scientifico. In questo modo, l'allievo sarà in grado di visualizzare le proprie carenze cognitive relative all'argomento e quindi di prepararsi al meglio all'apprendimento.

Nella fase di applicazione, le informazioni ricevute devono essere integrate nel compito da svolgere, in modo che l'allievo non solo consolidi i concetti appresi, ma applichi anche le procedure e le strategie cognitive per risolvere il problema proposto.

La quarta fase didattica prevede l'applicazione di procedure di analogia o di differenziazione per meglio identificare e comprendere il problema. Il trasferimento viene utilizzato anche per avviare una prima forma di generalizzazione dei contenuti appresi e per favorire il confronto tra il compito dato e le situazioni già sperimentate.

La fase successiva è quella della ricostruzione, che propone una rianalisi e una revisione di tutto ciò che l'allievo ha fatto per eseguire e risolvere il compito dato. L'analisi deve aiutare l'allievo a comprendere le difficoltà incontrate e le strategie cognitive messe in atto, iniziando così a identificare il proprio stile cognitivo.

Il passo successivo consiste nel costringere l'allievo a indagare sul valore delle decisioni prese e a sostenere la sua tesi con argomenti credibili e soggettivi.

Infine, nella fase di generalizzazione, ci si aspetta che l'allievo generalizzi concettualmente il prodotto dell'apprendimento. Il contenuto appreso deve essere collocato a un livello trascendente di meta concettualizzazione. Al termine di questa fase, l'allievo sarà in grado di confrontare argomenti anche di aree disciplinari diverse, di trovare strategie di soluzione applicando le conoscenze acquisite anche a problemi non strettamente legati a quelli proposti dall'insegnante.

Progettazione per soggetti

Per realizzare una scuola realmente formativa per gli alunni e in grado di soddisfare i requisiti costituzionali, è importante avere un'offerta formativa altamente differenziata. Ciò richiede un'organizzazione dell'intero sistema scolastico chiara e flessibile, che implica inevitabilmente una rivoluzione culturale, soprattutto nel modo di vivere e pensare degli insegnanti. La diversità degli alunni deriva già da un livello genetico, ma aumenterà nel tempo a causa delle influenze socioculturali dell'ambiente in cui vivono e sviluppano la loro personalità. Il modello proposto prevede la progettazione di tre diversi tipi di percorsi educativi:

- aggiuntivi, che consentono di rafforzare l'identità personale dei singoli alunni e quindi di tenere conto anche dei più dotati intellettualmente;
- diversificati, adottati per rispondere alle esigenze di alunni con diverse abilità e/o svantaggiati;
- flessibili, che sono progettati per ogni singolo alunno al fine di raggiungere gli obiettivi comuni previsti per tutti.

I percorsi di apprendimento adattivi possono essere attuati in una classe che non presenta grandi variazioni né nei presupposti dei singoli alunni né nelle loro capacità intellettive, ed è possibile progettare misure di apprendimento che presuppongono che tutti gli alunni raggiungano gli stessi obiettivi. Il metodo prevede un momento iniziale di trasferimento delle conoscenze, che l'insegnante comunica a tutta la classe, seguito da una serie di azioni flessibili, rivolte a singoli o a gruppi di più o meno studenti, che vengono pianificate all'inizio dell'attività e applicate nel corso dell'azione di apprendimento.

L'applicazione del metodo prevede una serie di fasi da svolgere in tempi abbastanza precisi: motivazione degli allievi; lezione comune; consolidamento; valutazione intermedia; eventuale revisione e/o approfondimento; valutazione finale. Come sa chiunque insegni, l'apprendimento degli alunni dipende esclusivamente da loro; quindi, l'insegnante deve innanzitutto trovare la strategia giusta per creare negli alunni il desiderio di conoscere, di agire, di iniziare e di portare a termine le attività necessarie per raggiungere gli obiettivi previsti.

La lezione comune è la fase in cui l'insegnante introduce gli argomenti trattati. È efficace se coinvolge gli alunni e sa offrire loro i giusti stimoli. Per ottenere buoni risultati, l'insegnante deve presentare gli argomenti o oralmente o utilizzando strumenti didattici appropriati che coinvolgano maggiormente gli studenti, compresi i metodi di apprendimento collettivo come il problem solving.

La fase di familiarizzazione dovrebbe essere seguita dal consolidamento che, attraverso la pratica, la ripetizione e l'applicazione a nuove situazioni, porta gli allievi a conservare in modo duraturo nel tempo sia i contenuti che la loro applicazione. Solo in questa fase è necessario verificare ciò che gli studenti hanno compreso.

La revisione dei risultati della verifica finale innesca la flessibilità del metodo. Fisiologicamente, non tutti gli allievi possono aver raggiunto lo stesso livello, quindi i loro percorsi devono essere separati per consentire a chi è rimasto indietro di recuperare. L'importanza del recupero è enorme, perché ogni volta che un allievo non recupera, nella sua matrice cognitiva iniziano a formarsi delle lacune, che si amplieranno immediatamente quando inizierà ad apprendere la materia successiva. Peggio ancora, il ritardo ha conseguenze nell'area psicologica dell'allievo, che perde fiducia in sé stesso, interesse per l'apprendimento e motivazione ad apprendere. Le azioni di recupero dovrebbero essere intraprese immediatamente dopo le normali attività di apprendimento in cui gli alunni sono rimasti indietro.

I percorsi di insegnamento e apprendimento differenziati sono progettati per organizzare percorsi di insegnamento e apprendimento per persone con difficoltà individuali e/o sociali per motivi fisici, mentali, intellettuali o sociali, al fine di diventare indipendenti nel loro pensiero e nella loro azione. Le attività di supporto sono interventi differenziati per gli studenti con diverse abilità, forniti sia dagli insegnanti che insegnano il programma di studio sia da quelli che forniscono supporto. L'insegnamento e la pianificazione sono individualizzati per: alunni con bisogni speciali; alunni socialmente disadattati; alunni nomadi; alunni di recente immigrazione; alunni con difficoltà di apprendimento e in altri casi di atipicità sociale.

Nell'attuale sistema scolastico, gli insegnanti di sostegno o specializzati sono previsti solo in caso di handicap conclamato. L'insegnante specializzato supporta il lavoro degli insegnanti della disciplina e agisce: sia nei confronti dell'alunno in difficoltà, sia nei confronti dell'alunno che ha difficoltà di esecuzione sia nei confronti dei colleghi di classe, fornendo informazioni, suggerimenti metodologici e facendo da tramite tra la scuola e le strutture professionali.

Quando in classe è presente un alunno con bisogni speciali, con o senza insegnante di sostegno, è compito dell'insegnante disciplinare organizzare le lezioni in modo da includere l'alunno senza impoverire la qualità dell'istruzione per gli altri. Il metodo dei percorsi didattici differenziati, sensibile al problema dell'integrazione, presuppone che tutti gli alunni partecipino a momenti di apprendimento comuni, e la differenziazione si attua quando tutti sono coinvolti contemporaneamente in attività diverse, per cui gli alunni svantaggiati saranno coinvolti in attività compensative, gli alunni con abilità diverse in attività di sostegno, i più dotati in attività di arricchimento, quelli che non hanno ancora raggiunto i loro obiettivi in attività di recupero, gli altri in attività immersive.

Infine, ci sono i percorsi extracurricolari, che coinvolgono gruppi di alunni, anche di grado ed età diversi, in momenti al di fuori della normale giornata scolastica. Molto spesso, queste attività sono progettate per alternarsi con il programma scolastico e possono comportare l'aggregazione di alunni indipendentemente dal loro livello di apprendimento all'interno del programma; questo è molto interessante perché gli alunni svolgono attività che sentono adatte e riscoprono uno spirito di squadra che a volte si affievolisce nelle attività scolastiche normali a causa del fatto che ci sono differenze di rendimento all'interno della classe.

L'offerta di attività extracurricolari nelle scuole permette di soddisfare le esigenze di un'ampia gamma di alunni con interessi diversi, ma si rivolge principalmente ad alunni con capacità superiori alla media che, in una scuola non organizzata, dovrebbero accontentarsi di raggiungere gli obiettivi educativi standard, che spesso sono fissati per essere raggiunti da alunni capaci.

La recente normativa sull'autonomia scolastica impone agli insegnanti di differenziare l'offerta formativa definendo parallelamente obiettivi generali e aggiuntivi. In altre parole, gli insegnanti devono acquisire competenze specifiche nel progettare percorsi di apprendimento adeguati al tipo di alunni con cui hanno a che fare e nell'applicare le metodologie di trasferimento più appropriate a ogni situazione.

I tipi di UDA da progettare

Ogni programma UDA deve mirare all'acquisizione di un'unica competenza, che viene identificata come competenza primaria. Tuttavia, le competenze non hanno confini netti e precisi ma, al contrario, sono intrecciati per cui la realizzazione di una competenza coinvolgerà più o meno indirettamente le altre.

Da quanto detto sopra, è possibile comprendere le ragioni per cui sono state redatte le UDA. Esse consentono un'attuazione più rapida ed efficace. Tuttavia, ogni UDA proporrà anche obiettivi cognitivi e formativi legati alla competenza primaria, che rafforzeranno e rifletteranno ulteriormente sul processo formativo.

Le UDA sono quasi indispensabili quando decidiamo di progettare le competenze. Le competenze potrebbero essere paragonate alle criptovalute, oggi molto conosciute: queste ultime rappresentano valori economici immateriali che possono essere spesi ovunque e in qualsiasi paese del mondo; valori che non conoscono barriere geografiche, politiche o economiche. E se guardiamo alla sfera sociale ed educativa, le competenze delle unità didattiche di apprendimento si comportano in mood uguale: sono, infatti, valori educativi, cioè valori immateriali che possono essere consumati in tutte le lingue e culture.

In base alla loro architettura formale, le UDA possono essere suddivise in disciplinari, multidisciplinari, interdisciplinari e transdisciplinari.

Le UDA disciplinari si riferiscono a una singola disciplina e sono le più semplici da progettare e implementare, ma portano a risultati meno entusiasmanti. Per introdurre gli altri tre tipi di UDA è necessaria una breve introduzione. Ogni forma di conoscenza è caratterizzata da sei aspetti, elencati in ordine crescente di complessità come segue:

- conoscenza relativa agli oggetti di apprendimento;
- il linguaggio, cioè il modo in cui gli oggetti della conoscenza vengono comunicati;
- l'ermeneutica, che riguarda l'interpretazione del senso e del significato profondo delle discipline;
- la curiosità, che è una caratteristica legata alla ricerca della verità;
- l'euristica, il cui compito è formulare ipotesi;
- l'estetica, che riguarda il modo in cui una disciplina viene presentata.

A questo punto, è possibile parlare e definire i tre tipi di UDA sopra citati.

- UDA multidisciplinare: un oggetto di apprendimento UDA multidisciplinare, che si riferisce a una specifica disciplina, riceve input mono cognitivi, cioè conoscenze e linguaggi, da altri oggetti correlati, che quindi appartengono allo stesso ambito disciplinare.

- UDA interdisciplinare: questo secondo tipo di UDA si realizza quando un argomento o qualsiasi altro soggetto di ricerca extracurriculare riceve input mono cognitivi e metacognitivi, cioè conoscenze e linguaggio, ma anche relativi all'ermeneutica e alla cognizione, da altre discipline, correlate o meno.
- UDA transdisciplinare: si rivolge a quest'ultimo tipo di trasversalità nella sua attuazione quasi esclusivamente alla ricerca extracurricolare, poiché gli argomenti curricolari sono troppo sistematizzati e lasciano poco spazio alla trasversalità a un livello così alto.
- UDA transdisciplinare si realizza quando l'argomento di ricerca extracurricolare riceve input mono cognitivi, metacognitivi da altre discipline.

Ogni singola UDA, soprattutto se inter o transdisciplinare, deve essere strutturata come un percorso di lavoro e deve offrire indicazioni per attività legate a chiari riferimenti valoriali e culturali.

L'UDA non deve essere intesa come un simulacro ipso facto immutabile nella sua composizione. Man mano che si sviluppa deve essere gradualmente adattata alle circostanze per renderla più efficace nel campo dell'insegnamento e della formazione. Prima dell'UDA, di qualsiasi tipo essa sia, è opportuno che si riunisca un consiglio di classe per individuare le competenze trasversali da promuovere, che derivano dai documenti ministeriali in vigore. La condivisione degli interventi programmati presenta una serie di vantaggi:

- consente di ottenere un prodotto finale più complesso e incoraggia lo sviluppo e l'utilizzo reale di competenze trasversali;

- mette in evidenza gli stretti legami tra le diverse aree e come le conoscenze e le competenze acquisite in aree diverse possano contribuire allo stesso compito;
- offre agli alunni opportunità di lavoro più significative e motivanti.

A questi vantaggi va aggiunto l'effetto di coesione sulla classe e, se gestito correttamente, sull'intero corpo docente. La maggiore coesione del corpo docente rende più facile rivolgersi ai bambini con un linguaggio comune, che in quanto tale è molto più efficace. Un corpo docente che lavora nella stessa direzione e utilizza lo stesso linguaggio rende più efficace il lavoro della scuola nell'ambito dello sviluppo personale olistico.

Sarebbe molto utile conservare le varie UDA in una cartella e dividerle per tipologia, transdisciplinare, interdisciplinare, multidisciplinare e per singola disciplina, in modo da creare un archivio che possa servire da punto di riferimento per gli anni a venire. Capisco la grande utilità del "copia e incolla" grazie al sistema operativo di Bill Gates, ma non bisogna abusarne, nel senso che è lecito seguire i modelli di UDA degli anni precedenti, ma vanno adattati alla situazione mutata e ai nuovi studenti. L'insegnamento è un'attività in continua evoluzione che non può essere standardizzata se non a grandi linee.

Come già detto, le competenze trasversali sono l'interfaccia tra le diverse aree di ogni programma UDA. Ogni UDA sarà caratterizzata da una competenza dominante da sviluppare, le otto competenze chiave per l'apprendimento permanente proposte dal Parlamento europeo e dal Consiglio europeo il 22 maggio 2018, le competenze elencate nel profilo di uscita dell'allievo o negli obiettivi delle competenze disciplinari indicati nelle Indicazioni nazionali per il curricolo della prima infanzia e della prima fase.

Tuttavia, gli obiettivi di apprendimento dovrebbero essere piuttosto limitati. In particolare, saranno selezionati due o tre obiettivi di apprendimento indispensabili dalle Indicazioni, che indicano le conoscenze e le abilità disciplinari da rafforzare.

Se approfondiamo l'elenco specifico, troviamo gli obiettivi di apprendimento. Questi rappresentano una riformulazione degli obiettivi di apprendimento considerati indispensabili per lo sviluppo delle competenze attese in una determinata UDA. Negli obiettivi formativi, le conoscenze e le abilità richieste sono anche contestualizzate per grado e progettate per essere verificabili. Qualunque sia l'organizzazione e la struttura dell'UDA, va ricordato che essa deve basarsi sulle attività in classe e quindi sulle attività degli studenti. Deve essere proposto un percorso didattico concreto, incentrato su "cosa deve fare l'allievo" e "come lo deve fare", individualmente, in gruppo o come classe intera. Il percorso proposto deve portare l'alunno a scoprire conoscenze rilevanti e ad acquisire abilità e competenze.

La descrizione dell'attività deve essere suddivisa in fasi, con l'indicazione dei tempi e dei materiali necessari, il che implica la stesura di un calendario abbastanza dettagliato. Non si può prescindere dal monitoraggio del lavoro in corso, in modo che nei momenti problematici, se necessario, si possa intervenire immediatamente.

Una fase adeguatamente lunga dell'attività laboratoriale dovrebbe essere dedicata alla realizzazione di un prodotto finale che rappresenti la logica conclusione del corso e che rappresenti anche ciò che viene visto dagli altri e che dà soddisfazione agli studenti.

In breve, la progettazione e l'UDA sono concepite in modo complementare, nel senso che offrono un percorso di apprendimento significativo e stimolante per l'alunno.

Le tappe della progettazione

Tappa numero 1.

Nella progettazione del programma UDA si possono prendere in considerazione diversi fattori:

scegliendo un tema comune, in quanto l'UDA è solitamente un percorso tematico interdisciplinare;

- la progettazione del compito da sottoporre agli studenti, che prevede il completamento di un lavoro complesso, il prodotto finale, da presentare a una materia, dato che l'UDA è un percorso tematico interdisciplinare;
- la presentazione, poiché l'UDA ha l'obiettivo di promuovere tutte quelle competenze che l'alunno troverà utili per affrontare simili situazioni nella vita di tutti i giorni;
- la presentazione del prodotto finale e la successiva riflessione su di esso le azioni competenti che gli studenti devono intraprendere per realizzarlo;
- dalla definizione delle competenze da acquisire alla descrizione delle competenze da promuovere.

Tappa numero 2: la scelta dei contenuti e degli obiettivi

La parte introduttiva del format dovrebbe includere le competenze, l'obiettivo da promuovere, le conoscenze e le abilità da sviluppare, i soggetti coinvolti e i gruppi target. Sulla base dell'argomento scelto e in consultazione con il piano di studi, gli insegnanti devono selezionare gli argomenti da trattare nel programma UDA e inserire le conoscenze e le abilità pertinenti nelle colonne appropriate. La selezione dei contenuti consentirà di:

- prendere i contenuti già trattati nei moduli e approfondirli in chiave interdisciplinare;
- sviluppare contenuti che non sono stati trattati nei moduli mono-disciplinari, a condizione che siano più adatti a un trattamento interdisciplinare.

Sarà inoltre necessario prendere in considerazione i prerequisiti in termini di conoscenze e competenze che gli alunni dovrebbero possedere. e competenze che gli studenti dovrebbero possedere per poter affrontare l'unità di studio.

Tappa numero 3: rappresentare il compito nella realtà

Ogni UDA è progettata per promuovere e valutare la competenza, quindi per questo motivo deve prevedere uno o più compiti realistici. Possiamo quindi immaginare diversi compiti realistici, distribuiti in diverse fasi, e quindi diversi prodotti indipendenti che possono essere valutati da ogni disciplina coinvolta in una fase. In alternativa un unico e solo compito, che però prevede che venga realizzato lungo tutte le fasi che porteranno all'elaborazione del prodotto finale.

È importante che tutti i soggetti coinvolti nell'UDA, e le relative competenze previste siano coinvolti nella valutazione.

I compiti di realtà, possono partire da diverse situazioni definite problematiche che possono:

- comportare la mobilitazione e il trasferimento di conoscenze e competenze sono interdisciplinari e utilizzano processi cognitivi di alto livello;
- essere aperte a più soluzioni o a un'unica soluzione soluzioni multiple, che possono essere raggiunte attraverso percorsi diversi;

- essere contestualizzate e offrire la possibilità di collaborazione per la loro risoluzione dei problemi;
- produrre un prodotto finale che documenti le competenze dell'alunno;
- rappresentare una sfida significativa ma realizzabile per studenti.

Di seguito, vengono riportati vari esempi di compiti di realtà e prodotti:

- analizzare e confrontare più fonti storiche sullo stesso evento per confrontare le informazioni e i diversi punti di vista l'emittente;
- analizzare prima, interpretare e mettere in pratica quanto imparato nei testi di narrativa letti in classe;
- comporre una recensione giornalistica della stessa notizia e confrontarla criticamente;
- condurre interviste con i dipendenti del servizio di collocamento o delle agenzie di lavoro temporaneo per scoprire quali sono i profili professionali più richiesti e quelli che le persone in cerca di lavoro stanno cercando;
- condurre una ricerca su un fenomeno sociale, storico, economico, scientifico e presentare i risultati attraverso presentazione digitale;
- condurre un'indagine quantitativa sui consumi, i gusti o le abitudini alimentari delle famiglie degli alunni attraverso questionario e relazione con dati e grafici;
- condurre un'indagine sui consumi energetici e idrici nelle famiglie degli alunni e la produzione di un opuscolo con consigli per il risparmio di acqua, energia e gas;
- condurre un'intervista per esplorare il fenomeno e analizzare le risposte;
- confrontarsi in un dibattito;

- creare diari per documentare e riflettere sull'attività di apprendimento didattica;
- creare opuscoli, volantini per promuovere qualcosa o un evento;
- creare un e-book o un opuscolo con testi scritti da tutti gli alunni della classe;
- creare un reportage fotografico dell'attività e accompagnarlo con delle didascalie;
- creare un'attività di volontariato rivolta a persone anziane sole o senza fissa dimora proponendola alle istituzioni, a strutture o organizzazioni locali;
- creazione di manuali illustrati o di manuali per la manutenzione e l'assistenza tecnica;
- creazione di un giornale di classe, di un blog o di un sito web con articoli e pubblicazioni che documentino le attività della scuola;
- documentazione della realtà economica locale, industriale, turistica o del terzo settore, attraverso interviste, indagini, ricerche documentali e produzione di materiale informativo o divulgativo;
- effettuare un confronto interculturale tra le diverse forme che le istituzioni culturali in diversi paesi del mondo (Slovenia e all'estero), ossia famiglia, lavoro, scuola, giustizia, ruolo della donna;
- elaborazione di progetti o suggerimenti utili per il miglioramento servizi pubblici;
- condurre una ricerca su un autore, un'opera o un personaggio, sulla base del quale deve essere costruita una scenografia di riferimento;
- organizzare una lettura letteraria su un argomento specifico o realizzare video Lettura espressiva;

- organizzazione di una gita o di un viaggio d'istruzione; creare un prodotto in laboratorio;
- organizzazione di una piccola mostra nella scuola;
- pianificare e realizzare una lezione su un tema specifico utilizzando scene di un film;
- pianificare giornate per visitare il proprio Paese rivolte a turisti e stranieri per promuovere la conoscenza del territorio e del patrimonio artistico e no;
- preparare testi normativi (regolamenti, istruzioni, avvisi) per la classe o rivolti all'esterno al fine di adottare comportamenti corretti, sani comportamenti corretti, sani e civili;
- preparare una presentazione in Power Point o un e-book con una descrizione delle eccellenze gastronomiche o del patrimonio paesaggistico dell'area, progetta del territorio, sviluppando idee innovative per migliorarlo in un'ottica di turismo sostenibile;
- preparare una pubblicità o un servizio fotografico per promuovere il proprio territorio all'estero, lavorando in un paese straniero;
- preparare una relazione per analizzare il fenomeno realtà utilizzando dati, tabelle, grafici;
- progettare e registrare un breve programma radiofonico, preparare una schermata con dialoghi, notizie e musica per la trasmissione ascoltare i compagni di classe;
- realizzare un'indagine sull'offerta di lavoro nella zona (oppure confrontare le offerte di lavoro in due territori diversi) e preparare tabelle e grafici riassuntivi per descrivere l'offerta di posti di lavoro, suddivisi per settore produttivo;
- realizzare video per documentare un fenomeno attività o per l'educazione e la sensibilizzazione (documentario, commerciale);

- redazione di recensioni di libri, film, spettacoli teatrali, esposizioni mostre d'arte da pubblicare su una rivista, un opuscolo, un poster, un blog di classe, un e-book;
- ricercare fatti di storia locale reperendo fonti, articoli e testimonianze;
- ricercare uno degli effetti del cambiamento climatico attraverso ricerca e presentare i risultati e le ipotesi di sviluppo futuro;
- ricostruzione di uno spaccato di storia locale con analisi e confronto di fonti e documenti storici;
- ricostruzione e presentazione di storie di vita (migranti, rifugiati, persone che lavorano sul territorio, ecc.), anche attraverso l'intervista;
- scrivere ed eseguire bozzetti;
- scrivere una sceneggiatura o uno scenario per un video o per una rappresentazione teatrale, includendo un punto di partenza un testo narrativo
- scrivere un'e-mail per la rubrica della posta di un giornale/newsletter esprimere la propria opinione su un tema di attualità;
- scrivere un'intervista immaginaria all'autore, un artista, uno scienziato, un atleta del passato o del presente;
- sviluppare canali YouTube o video didattici individuali con le lezioni;
- tenere una conferenza usando i supporti digitali e multimediali;
- trasformare i capitoli dei libri di testo in versione digitale (ipertesti, e-book);
- utilizzare il metodo scientifico per indagare i fenomeni naturali attraverso esperimenti.

Capitolo 3

Articolare l'UDA in fasi

La seconda parte dell'UDA contiene il piano di sviluppo, suddiviso in fasi. Ogni fase di solito viene attuata da un singolo insegnante o da più insegnanti contemporaneamente.

A questo punto si contribuisce a realizzare il prodotto finale dell'Unità didattica di apprendimento con la produzione di un elaborato intermedio o attraverso lo sviluppo delle conoscenze acquisite.

Per ogni fase, sarà necessario stabilire prima l'aspetto didattico, con i contenuti che si andranno a trattare e le tipologie di attività e strategie didattiche che si utilizzeranno finanche i prodotti intermedi. Successivamente si passa a pianificare l'aspetto valutativo, con criteri di valutazione ed evidenze delle competenze promosse; metodi di valutazione e strumenti per la valutazione del livello.

In ogni fase possono essere effettuate anche prove di valutazione tradizionali per valutare l'apprendimento o verificare le competenze.

Andremo ora ad analizzare la struttura e lo sviluppo delle fasi di progettazione.

Le fasi di progettazione

- Fase 1: fase di preparazione alla presentazione, che valuta lo sviluppo della competenza;
- Fase 2: fase diagnostica;

- Fase 3: fase di insegnamento delle conoscenze, per lo sviluppo di una comprensione più profonda, di un'abilità o di ciò che l'alunno dovrebbe essere in grado di fare;
- Fase 4: fase di valutazione post-insegnamento;
- Fase 5: fase della valutazione sommativa delle competenze acquisite.

Fase 1: la preparazione della prestazione contestualizzata o di realtà

Si stabilisce con la prestazione una descrizione concreta e definita di ciò che l'alunno dovrebbe essere in grado di fare alla fine dell'UDA. Si tratta di una situazione realistica in cui una persona può trovarsi quando applica il contenuto delle conoscenze apprese. Questa fase dev'essere complessa, reale e contenere un'espressione delle abilità che definiscono le competenze. Nello specifico, è necessario prestare attenzione a diverse caratteristiche:

- il ruolo assegnato all'alunno e il ruolo assegnato al destinatario, per il quale la prestazione viene eseguita;
- l'indicazione del prodotto da realizzare;
- la consegna che deve essere accompagnata dal documento che sarà utilizzato dallo studente per autovalutare le proprie prestazioni;
- le fasi che l'alunno deve compiere per portare a termine il compito, senza indicare come eseguirlo;
- una descrizione della situazione che contestualizzi la prestazione.

Fase 2: la fase diagnostica

Dopo aver determinato il punto di arrivo, l'insegnante può riflettere sulla pianificazione didattica. È ovvio che la didattica dipenderà dal punto di partenza degli alunni e della classe. È quindi necessario che l'insegnante scopra da dove partono gli alunni e dove vogliono e/o possono arrivare. Questa attività è chiamata anche valutazione diagnostica e ha lo scopo di fornire all'insegnante informazioni sulla prontezza degli alunni. La valutazione diagnostica inizia con le seguenti domande:

- Cosa pensate di sapere già su…?
- Cosa vi sfuggirebbe o non sapreste se non sapeste nulla di…?
- Guardate questa immagine, cosa pensate di capire guardandola attentamente?
- Avete mai sentito o letto queste parole? Che cosa significano? Potete scrivere una frase che contenga una di queste parole?
- Avete mai visto...? Cosa ne pensate di...? Perché sta succedendo...?
- Quanto è utile sapere che...?
- Vorreste sapere perché...?

In base alle risposte a queste domande, l'insegnante può pianificare l'insegnamento.

Fase 3: la fase di insegnamento delle conoscenze

Dopo aver raccolto le precedenti informazioni, l'insegnante può pensare di progettare l'insegnamento. Questo momento richiede che l'insegnante identifichi, descrivi e specifichi:

- che tipo di comprensione profonda la conoscenza deve creare o stimolare;

- cosa gli studenti devono essere in grado di fare con queste conoscenze;
- le conoscenze e i concetti che gli alunni devono comprendere.

Dopo aver acquisito conoscenza, comprensione più approfondita e cose da come fare, l'insegnante prepara una sequenza temporale di esperienze di apprendimento. Queste richiedono brevi periodi di tempo, sono ben definite e focalizzate sull'obiettivo di apprendimento.

Quando prepara la sequenza, l'insegnante deve tenere in considerazione la progressione, la partecipazione attiva degli alunni e la loro motivazione, la direzione finale verso la quale tutte le esperienze devono convergere. Dovrà altresì monitorare continuamente, attraverso la valutazione formativa, l'efficacia del proprio insegnamento, creare le condizioni per l'assistenza e la valutazione reciproca. In questa fase, dovranno essere considerati alcuni elementi indispensabili dell'esperienza di apprendimento.

È importante che gli alunni ricordino il significato e la ragione di ciò che si sta facendo e perché è importante in quel momento imparare certe cose. In un'esperienza di apprendimento, l'insegnante organizza attività e si assicura che tutti gli studenti possano partecipare. È utile conoscere e saper usare tecniche di apprendimento cooperativo e l'utilizzo di metodi didattici come il problem solving, l'esplorazione guidata e il lavoro a coppie.

L'esperienza di apprendimento deve essere sempre strutturata in modo da consentire agli studenti di partecipare in modo attivo. Può anche essere molto importante insegnare efficacemente i principi a cui si può fare riferimento.

Fase 4 e 5: la valutazione

La valutazione formativa è una tecnica didattica con la quale l'insegnante migliora l'apprendimento di un alunno e modificare le sue scelte di apprendimento se queste si sono rivelate inefficaci. Sebbene le ricerche sulla valutazione formativa sono recenti, ci sono molti studi e molti risultati ottenuti che consigliano una serie di strategie. Ogni esperienza di apprendimento dovrebbe concludersi con la risposta a queste quattro domande:

- Gli alunni hanno chiaro cosa devono imparare?
- Quale atteggiamento è l'oggetto della formazione?
- Quale strategia o tecnica di valutazione formativa si usa per valutare l'apprendimento?
- Quali aspetti delle competenze (conoscenze e abilità) sono al centro di questa attività?

Fase 4: la fase di valutazione post-insegnamento

La valutazione post-insegnamento si riferisce al periodo intermedio tra la fine dell'esperienza di apprendimento e la valutazione delle conoscenze. Anche se durante l'esperienza di apprendimento l'insegnante ha già verificato il processo che si è svolto nell'unità di apprendimento, può accadere che alcuni studenti non abbiano una visione integrata dell'argomento o che alcuni aspetti importanti dell'argomento siano ancora poco chiari. La valutazione non aggiunge nulla di nuovo a quanto già insegnato, ma piuttosto verifica se gli studenti hanno appreso l'argomento e se sono pronti a ad affrontare la prestazione finale.

Fase 5: la fase della valutazione sommativa delle competenze acquisite

La funzione della valutazione non è quella di giudicare, motivare o punire.: la valutazione ha lo scopo di informare alunni, insegnanti, genitori. Sebbene esistano vari sistemi per monitorare o per misurare lo sviluppo delle competenze, la forma con le minori limitazioni è la valutazione qualitativa utilizzando la rubrica.

La rubrica è una griglia che può essere utilizzata per misurare una varietà di abilità contenute in una competenza e, se ben progettata, suggerisce all'allievo e all'insegnante l'obiettivo successivo da raggiungere. Questo strumento evita molti dei problemi associati alla valutazione per voti o a criteri di valutazione imparziali e inaffidabili e complicazioni a livello di motivazione e autoefficacia. La rubrica prende in considerazione come criteri le competenze presenti nella descrizione del profilo ed enfatizza il loro contenuto. Di ogni abilità e per ogni criterio, propone una scala che indica quanto bene o con quali limiti l'abilità può essere espressa; il contenuto deve essere chiaro e comprensibile per gli studenti.

CAPITOLO 4

LE STRATEGIE DIDATTICHE

Ogni fase del programma UDA è affidata a un docente che deve proporre un'attività di apprendimento che promuova una delle competenze target previste, ovvero l'acquisizione e l'applicazione delle conoscenze necessarie, in cui gli studenti siano protagonisti attivi del loro apprendimento. Inoltre, utilizza strategie di apprendimento più interessanti e partecipative come: apprendimento cooperativo in piccoli gruppi, brainstorming, discussione, problem solving, role-playing.

In tal senso si è orientati alla realizzazione di un prodotto intermedio da valutare in livelli e decimi come parte del compito vero e proprio. Il docente è in grado di valutare le conoscenze, le abilità e le competenze promosse, attraverso valutazioni tradizionali o test di competenza.

Osserviamo un repertorio di strategie didattiche.

Le strategie e tecniche di insegnamento all'interno della metodologia ricettiva sono:

- insegnamento frontale;
- lezione multimodale;
- lezioni partecipative o dialogiche (socratiche).

Le strategie e tecniche di insegnamento all'interno della metodologia simulativa sono:

- role playing;
- simulazione simbolica;

- studio di caso.

Le strategie e tecniche di insegnamento all'interno della metodologia collaborativa sono:

- apprendimento cooperativo (learning together);
- discussione (brainstorming, giro di tavolo);
- mutuo insegnamento (peer tutoring, insegnamento reciproco).

Le strategie e tecniche di insegnamento all'interno della metodologia esplorativa sono:

- problem based learning / Project based learning;
- problem solving.

Le strategie e tecniche di insegnamento all'interno del metodo investigativo ed euristico sono:

- ricerca sperimentale;
- ricerca-azione in classe.

Le strategie e tecniche di insegnamento all'interno del metodo operativo sono:

- laboratorio;
- learning by doing.

Le strategie e tecniche di insegnamento all'interno della metodologia autoregolativa sono le strategie di metacognizione e autoregolazione dell'apprendimento.

La fase può quindi comportare l'esecuzione di una parte del compito nella realtà, che si traduce in un prodotto intermedio di cui ci si deve occupare dell'identificazione delle evidenze, ossia degli aspetti della prestazione che possono essere osservati. Ci si occupa inoltre della creazione di una griglia di valutazione contenente descrittori di prove, classificate in base ai livelli di padronanza, della raccolta delle evidenze attraverso reti di osservazione sistematica in relazione alla griglia e alla valutazione dei livelli di competenza.

L'insegnante decide quindi se somministrare anche un test di competenza o un test tradizionale, strutturato, semi-strutturato, non strutturato, per determinare le conoscenze e per valutare le conoscenze e le abilità.

Progettazione dell'intervento con un Gantt

Per eseguire le fasi in ordine cronologico, è utile pianificare gli interventi utilizzando un diagramma di Gantt che indichi le settimane in cui ciascuna fase deve essere svolta.

Le diverse fasi sono implementate, in quali lezioni e durante quante lezioni e seguono generalmente una tabella come la seguente.

Mese Marzo 2023			
Fasi	04/03–09/03	11/03-16/03	18/03-23/03
1	Italiano 4 ore		
2		Francese 2 ore	
3		Inglese 3 ore	
4			Italiano 2 ore

Preparazione della consegna per gli studenti

Le UDA devono essere presentate agli studenti con un linguaggio semplice e comprensibile. A tal fine, l'UDA dovrebbe essere accompagnata da una presentazione tra gli allegati che indichi chiaramente che cosa si richiede agli studenti, con quali obiettivi e motivazioni, in che modo, se individualmente, in gruppo, in classe, in laboratorio o fuori dalla scuola, per realizzare quali prodotti e in quanto tempo, con quali strumenti e come saranno valutati.

Produrre la relazione finale UDA

La relazione finale UDA è un lavoro individuale basato su una bozza guidata che ogni studente deve scrivere e spiegare al fine di ricostruire il percorso formativo che ha compiuto, esprimere l'importanza e la rilevanza che ha avuto, sviluppare la consapevolezza metacognitiva dei metodi di apprendimento, applicare e autovalutare le proprie prestazioni e dimostrare la padronanza dei contenuti trattati.

La bozza di relazione/spiegazione deve includere una descrizione dell'attività, una ricostruzione di come si è svolto il compito e dei diversi ruoli svolti dai partecipanti, un'analisi delle difficoltà incontrate, una valutazione del compito in termini di nuove conoscenze acquisite e un'autovalutazione del lavoro svolto.

CAPITOLO 5

GLI STRUMENTI COMPENSATIVI PER GLI ALUNNI BES

Il termine BES si riferisce agli alunni che necessitano di attenzioni speciali per poter apprendere e formarsi. Quando parliamo di BES, bisogni educativi speciali, ci riferiamo ad alunni che presentano una condizione di svantaggio che rende difficile l'apprendimento e richiede una risposta adeguata e tempestiva da parte della scuola. I problemi che portano allo svantaggio sono molteplici e possono essere causati da una varietà di circostanze; per questo motivo distinguiamo diverse categorie di BES. Se parliamo con genitori o insegnanti di alunni con BES, essi ci raccontano situazioni molto diverse. Ad esempio, possiamo sentire che: "Alice è una bambina intelligente, ma quando legge le lettere sembrano formichine che si muovono avanti e indietro", "Mattia ha una forma di autismo e a volte è destabilizzato dall'ambiente scolastico", "Mohad è stato recentemente in Italia. In Pakistan era entusiasta della scuola, ma ora non conosce una parola d'italiano e sembra perdersi in classe", "Edoardo ha un'intelligenza superiore alla media. Si annoia in classe perché finisce gli esercizi prima dei compagni e non sa come riempire il tempo".

BES: cosa sono i bisogni educativi speciali?

Cosa sono esattamente i BES? In Italia, il termine bisogni educativi speciali è stato introdotto ufficialmente nel 2012, a seguito dell'emanazione della relativa Circolare Ministeriale. Se volessimo dare una definizione di BES, avremmo in mente una condizione, permanente o transitoria, che ostacola l'apprendimento di un alunno e che richiede un'attenzione adeguata da parte dell'ambiente scolastico affinché l'alunno abbia successo nel suo apprendimento. Questo vuol dire che ogni alunno BES è attivo nel suo personale processo di apprendimento e che le istituzioni scolastiche, tenendo conto delle sue peculiarità, dovranno fornire all'alunno un approccio didattico adeguato alle sue capacità. Come già detto, i BES sono suddivisi in categorie, più precisamente in tre, che riflettono le numerose condizioni che possono dare origine a bisogni educativi speciali:

1. Disabilità motorie e cognitive

Queste condizioni sono certificate dal Servizio Sanitario Nazionale e fanno riferimento alla Legge 104/92. A livello educativo, queste difficoltà richiedono la presenza di un insegnante di sostegno e di un Piano Educativo Individuale (PEI).

2. Disturbi specifici dell'apprendimento e/o disturbi evolutivi specifici

Disturbi specifici dell'apprendimento sono la dislessia, la disgrafia, la disortografia e la discalculia; rientrano nella definizione anche il disturbo da deficit di attenzione e iperattività (ADHD), l'autismo, e il funzionamento intellettivo limitato. Si tratta di situazioni patologiche che iniziano durante lo sviluppo e vengono diagnosticate dal Servizio Sanitario Nazionale o da professionisti privati. La scuola che riceve la diagnosi deve redigere un piano educativo personale (PEI) per ogni alunno e, se necessario, è previsto un insegnante di sostegno.

3. Svantaggio socioeconomico, linguistico o culturale

Rientrano in questa categoria le disabilità legate a fattori socioeconomici, linguistici e culturali, come la mancata conoscenza della lingua e della cultura italiana, alcuni problemi comportamentali e attitudinali, problemi personali o familiari che compromettono un normale percorso scolastico. Rientrano in questa categoria tutti i casi in cui ci sono problemi che non costituiscono una diagnosi o in cui c'è un disturbo o una condizione patologica non ancora diagnosticata. In questa categoria rientrano anche i bambini ad alto potenziale cognitivo: si tratta di alunni che mostrano capacità di apprendimento e curiosità molto sviluppate e che necessitano di un percorso educativo personalizzato per garantire che siano stimolati in modo appropriato e che il loro talento non si trasformi in comportamenti improduttivi o dannosi che spesso causano disagio o emarginazione. Per gli alunni con BES che rientrano in questa categoria, i problemi possono essere portati all'attenzione della scuola, che può osservare l'alunno e sollevare preoccupazioni, oppure possono essere segnalati ai servizi sociali. Non è prevista la presenza di un insegnante di sostegno, ma la scuola può redigere un piano educativo personale. Va sottolineato che quando si parla di bambini con bisogni speciali, non si fa una diagnosi e che i bisogni educativi speciali non sono di per sé un'etichetta diagnostica.

La differenza tra BES e DSA

L'abbreviazione DSA, si riferisce a disturbi specifici dell'apprendimento, tra cui:

- la discalculia, un disturbo nelle abilità matematiche;

- la disgrafia, un disturbo nell'esecuzione di gesti grafici;
- la dislessia, un disturbo nella lettura o nella comprensione del testo;
- la disortografia, un disturbo nell'apprendimento e nell'applicazione delle regole ortografiche.

A volte sembra che BES e DSA siano la stessa cosa, ma questo non è corretto perché anche altre categorie rientrano nei BES. Possiamo semplificare la differenza tra BES e DSA dicendo che tutti i bambini con DSA sono anche bambini con BES, ma non tutti i bambini con BES hanno DSA perché, come abbiamo visto, i bisogni educativi speciali possono derivare da condizioni diverse.

Un'ulteriore differenza tra DSA e BES riguarda le norme che vengono introdotte e regolamentate nel contesto scolastico e la necessità o meno di una diagnosi: i DSA necessitano di una diagnosi che ne confermi l'esistenza, a differenza dei BES. Inoltre, nel caso di un alunno con DSA, la scuola deve redigere un piano educativo individualizzato, mentre nel caso di un alunno con BES, l'adozione formale di un insegnamento individualizzato dipende dalla decisione degli insegnanti. La normativa prevede inoltre che la validità del piano educativo individualizzato nel caso di alunni con BES sia limitata all'anno scolastico di riferimento, mentre nel caso di un alunno con DSA la validità del PEI è pluriennale.

Normativa sui BES

La possibilità di adattare lezioni personalizzate per gli alunni con BES è stata introdotta nel 2012 sulla base di una direttiva ministeriale. In precedenza, l'apprendimento adattato era disponibile solo per gli alunni con disabilità diagnosticata (Legge 104/92) e per gli alunni con DSA (Legge 170/2010). Per tutti gli altri bambini e adolescenti che necessitavano di accorgimenti speciali per poter apprendere, secondo le loro caratteristiche e potenzialità individuali, la normativa era esclusa. La normativa sui BES stabilisce che gli alunni con bisogni educativi speciali che non sono tutelati da altre leggi, cioè gli alunni senza disabilità e senza DSA, possono comunque utilizzare alcune misure compensative e dispensative che sono previste per la maggior parte degli studenti che rientrano nei disturbi specifici dell'apprendimento. In particolare, poiché non è richiesta una diagnosi per definire i BES, spetta alla scuola valutare se le difficoltà dell'alunno vanno oltre le normali difficoltà che un alunno può incontrare nella sua carriera scolastica e, in tal caso, decidere se è opportuno che riceva un insegnamento adattato e procedere alla preparazione di un PEI.

Secondo la normativa, l'insegnamento personalizzato può riguardare due categorie principali. Vediamo cosa dice la legge:

- *«Alunni con difficoltà specifiche di apprendimento: la legge riconosce come disturbi dell'apprendimento: dislessia, discalculia, disgrafia, disortografia. La normativa di riferimento è la Legge 170/2010 "Nuove norme in materia di disturbi specifici di apprendimento in ambito scolastico"».*
- *«Alunni con bisogni educativi speciali: con la Direttiva Miur del 27 dicembre 2012 sui BES, lo Stato definisce tre principali macrocategorie di svantaggio: la disabilità (Legge 104/1992); le disabilità evolutive specifiche (es. autismo, disturbo da deficit di attenzione e iperattività, ecc.); lo svantaggio socioeconomico, linguistico e culturale (alunni poveri, stranieri, ecc.). In ogni caso, le norme in vigore mirano a promuovere l'inclusione scolastica, a garantire il diritto allo studio, a promuovere i risultati scolastici e a garantire pari opportunità per gli studi professionali».*

L'apprendimento personalizzato prevede obiettivi di conoscenza diversi per ogni alunno, al fine di consentire a ciascuno di sviluppare il proprio potenziale e promuovere il suo successo scolastico. Quando un insegnante utilizza la formazione personalizzata, significa che presta attenzione alle differenze individuali e utilizza una metodologia adattata alle caratteristiche di ogni singolo allievo per garantire che tutti gli allievi della classe raggiungano un obiettivo comune.

L'introduzione dei Servizi di Supporto agli Alunni (PSS) mette l'alunno con BES in condizione di apprendere al meglio delle sue capacità e di avere la possibilità di un apprendimento personalizzato, cioè di introdurre misure dispensative o compensative. Lo scopo di una misura compensativa è quello di sostituire, compensare o supplire a carenze funzionali e aggirare l'ostacolo causato da una situazione difficile. Ad esempio, l'uso di un sintetizzatore vocale per chi ha difficoltà di lettura o di una calcolatrice per chi non sa fare i conti. La misura dispensativa invece, consente a uno studente con DSA di essere esonerato/escluso dalle attività più difficili per lui/lei e non direttamente collegate al raggiungimento dell'obiettivo. Ad esempio, non deve scrivere a mano o imparare a memoria.

L'introduzione del concetto di BES è rivoluzionaria perché si concentra sull'unicità dell'allievo e sottolinea l'importanza del contesto scolastico nel creare condizioni favorevoli all'apprendimento. La crescente attenzione ai bisogni educativi speciali e l'introduzione della normativa sui BES devono essere considerate il fiore all'occhiello dell'istruzione italiana: è il segno che le scuole sono desiderose di creare un ambiente di apprendimento sempre più inclusivo, che sono più attente all'unicità dei loro alunni e che sono disposte a concentrarsi sulle loro risorse piuttosto che sui loro deficit. Tutto questo rappresenta certamente una grande responsabilità e una sfida per gli insegnanti, ma è anche una conquista importante che restituisce loro l'autonomia di valutare il percorso educativo da seguire nell'interesse dei loro studenti con difficoltà. D'altra parte, è indubbiamente una salvaguardia per ogni alunno, garantendo che riceverà un supporto adeguato quando ha o avrà bisogni educativi speciali.

Cosa sono gli strumenti compensativi e dispensativi

Gli strumenti compensativi e dispensativi sono misure che introducono interventi didattici flessibili per sostenere gli studenti con difficoltà di apprendimento. Nel gergo professionale, queste strategie didattiche sono note come aiuti compensativi e dispensativi e vengono attuate nelle scuole primarie e secondarie e nelle università. Consistono in risorse didattiche adattate, sviluppate sulla base delle esigenze dell'allievo. Gli strumenti sono pensati per gli alunni con difficoltà specifiche di apprendimento (DSA) e bisogni educativi speciali (BES). Gli strumenti compensativi e dispensativi sono pensati per coloro che hanno un certificato specifico che conferma il loro handicap di apprendimento e quindi giustifica una strategia educativa specifica. È importante chiarire subito cosa non sono gli strumenti compensativi e dispensativi: non sono "regali", non sono scorciatoie, né sono programmi di studio facilitati: il programma è lo stesso per tutta la classe.

Strumenti compensativi

Compensare significa equilibrare, e quindi si riferisce alla possibilità di colmare lacune e superare vincoli. In effetti, gli strumenti compensativi più utilizzati, soprattutto nel campo dei DSA, sono strumenti digitali e non digitali che aiutano l'allievo a svolgere quelle attività in cui è limitato o svantaggiato. Questi sono:

- audio libri;
- l'uso del computer per la scrittura;
- mappe concettuali e mentali, diagrammi e materiali di supporto preparati dagli insegnanti o dagli studenti;
- registrazione delle lezioni;

- software di sintesi vocale per la lettura;
- uso di una calcolatrice.

Per gli studenti con dislessia, gli strumenti compensativi sono spesso utilizzati in materie come italiano, grammatica, inglese e altre lingue straniere, storia, geografia. A titolo di esempio, si citano le seguenti misure: uso di tabelle e schemi di memoria, mappe; scrittura al computer con correttore automatico, uso di software e Internet; promozione della comunicazione orale in lingua straniera.

Misure dispensative

Dispensa significa esenzione, e indica la possibilità di non svolgere determinati compiti. Quindi le misure dispensative possono esentare l'alunno da determinati compiti. Possono anche prevedere metodi adattati per quei compiti che non possono essere svolti, come le interrogazioni. Quali sono:

- esenzione dal prendere appunti;
- interrogazioni programmate;
- sostituzione delle verifiche scritte con verifiche orali;
- tempo supplementare per le prove;
- valutare il contenuto di un compito invece che la forma in cui viene scritto.

Nella disgrafia e nella disortografia, l'uso della scrittura corsiva viene spesso abbandonato. Nella dislessia, l'allievo può essere esonerato dalla dettatura o dalla lettura ad alta voce. Per i discalculici, è possibile utilizzare una calcolatrice invece di fare i calcoli a mente. L'esonero da alcuni compiti può riguardare le materie sopra citate, ma anche altre come la matematica, l'educazione fisica, la musica.

DSA: come utilizzare gli ausili compensativi e dispensativi

Per gli alunni con DSA, l'uso degli ausili compensativi e dispensativi è regolato da un Piano Didattico Personale (PEI), un documento redatto dal personale docente in collaborazione con la famiglia dell'alunno. Il documento viene redatto una volta che la scuola è a conoscenza della diagnosi della o delle disabilità specifica di apprendimento, cioè solo se l'alunno è in possesso di una certificazione rilasciata dai centri competenti. Il PEI è individuale e deve contenere:

- forme di verifica e valutazione adattate;
- il tipo di DSA certificato;
- le strategie metodologiche e didattiche relative a tutte le materie;
- misure dispensative;
- nome e cognome dell'alunno;
- risorse compensative.

La sinergia tra genitori e scuola è fondamentale per la definizione appropriata degli strumenti compensativi e dispensativi. Una volta approvato il PEI, gli insegnanti, l'alunno e la famiglia devono seguire le strategie concordate.

Ogni caso di BES o DSA è unico: alcuni studenti usano volentieri gli strumenti dispensativi e compensativi e grazie a essi riescono non solo a migliorare il loro rendimento scolastico, ma a vivere la quotidianità scolastica con minori ostacoli. Tuttavia, nonostante le migliori intenzioni di tutti, il supporto fornito dalla scuola non si traduce automaticamente in un successo. Alcuni alunni con BES o DSA soffrono della diversità associata all'uso di strumenti compensativi e dispensativi; per altri, le strategie di apprendimento non sono sufficienti a superare le barriere. I metodi di insegnamento tradizionali spesso mostrano i loro limiti, anche quando vengono attuate misure di supporto. Esistono metodi di insegnamento che possono aiutare tutti gli studenti, sia con che senza disturbi dello spettro autistico, BES o DSA.

CAPITOLO 6

ESEMPI DI UDA

Di seguito, l'esempio migliore per riuscire a svolgere una UDA perfetta. Tabelle da replicare su Excel o Google Sheets utili non solo per la preparazione al concorso ma per lo svolgimento dell'UDA in classe.

UDA pluriasse: indicare l'asse di appartenenza (storico-letterario, scientifico-tecnologico, etc.); indicare l'istituto scolastico e le classi.

Sezioni	Note per la compilazione
Titolo UDA	Inserire titolo
Contestualizzazione	definire una motivazione sintetica sulla scelta dell'argomento in relazione all'a.s. e le discipline coinvolte
Destinatari	Inserire classi di destinazione
Monte ore complessivo	Inserire numero ore
Tema di riferimento dell'UDA	Inserire il tema
Prodotto finale da realizzare	Inserire quale sarà l'elaborato finale

Competenze da sviluppare	Selezionare una o più competenze inerenti al percorso prescelto: • **competenza alfabetica funzionale: capacità** di comunicare, sia in forma orale che scritta, adattando il proprio registro ai contesti e alle situazioni; sviluppo del pensiero critico e della capacità di valutazione della realtà • **competenza multilinguistica: abilità** nel comunicare sia oralmente che in forma scritta in lingue diverse dalla propria • **competenza matematica e competenza di base in scienze e tecnologie:** capacità di sviluppare e applicare il pensiero e la comprensione matematici per risolvere una serie di problemi in situazioni quotidiane capacità di spiegare il mondo che ci circonda usando l'insieme delle conoscenze e delle metodologie scientifiche-tecnologiche • **competenza digitale:** utilizzare con dimestichezza le nuove tecnologie e i principi per la sicurezza in rete e la tutela della propria identità digitale • **competenza personale, sociale e capacità di imparare ad imparare:** capacità di organizzare le informazioni e il tempo, di gestire il proprio percorso formativo, capacità di autoregolamentarsi • **competenza sociale e civica in materia di cittadinanza:** capacità agire da cittadino consapevole e responsabile, partecipando appieno alla vita sociale e politica del proprio paese • **competenza imprenditoriale:** capacità creativa di chi sa analizzare la realtà e trovare soluzioni per problemi complessi, utilizzando l'immaginazione, il pensiero strategico, la riflessione critica • **competenza in materia di consapevolezza ed espressione culturali:** costruire l'identità sociale e culturale, attraverso la capacità di fruire dei linguaggi espressivi e dei beni culturali e di esprimersi attraverso linguaggi e canali creativi compresi la musica, le arti dello spettacolo, la letteratura e le arti visive Altre competenze specifiche dell'UDA: inserire descrizione (es. agire in modo autonomo e responsabile: lo studente è accompagnato nell' avere consapevolezza dei problemi e progettare soluzioni e nell'essere in grado di agire concretamente in situazione...)

Esiti Attesi	Inserire la descrizione sintetica
Obiettivi specifici di apprendimento	Conoscenze: asse d'indirizzo e asse generale Abilità: asse d'indirizzo e asse generale
Insegnamenti coinvolti	Inserire insegnamenti
Eventuali elementi di didattica digitale	inserire la descrizione sintetica

PIANO DI LAVORO DELL'UDA

Fasi / titolo	Insegnamenti e contenuti	Attività e strategie didattiche	Strumenti	Esiti / Prodotti intermedi	Criteri / evidenze per la valutazione	Modalità di verifica /valutazione	Durata (ore)
1.	Specificare la disciplina e i relativi contenuti da trattare	Specificare il tipo di attività proposta e la strategia didattica utilizzata	Indicare gli strumenti, i materiali e i documenti da utilizzare	Indicare gli esiti in termini di prodotti intermedi attesi dalla fase	Indicare le evidenze della competenza osservabili in azione e nel prodotto intermedio/finale e, se si intende somministrare una prova di verifica, i criteri di valutazione	Specificare se si valuta processo e/o prodotto e gli strumenti da adottare; se si intende somministrare una prova di verifica	

CALENDARIO DELL'UDA

Fasi fare riferimento alla tabella precedente	date	ore
1	*Indicare la data o il periodo relativo*	
2	*indicare gli insegnamenti coinvolti*	
3		

La consegna agli studenti: *la consegna è un momento molto importante in cui i docenti comunicano e spiegano i prodotti attesi, i comportamenti conformi ed i criteri di valutazione che intendono adottare. Se possibile è preferibile consegnare una copia della progettazione dell'UDA ad ogni allievo al fine di stimolare la consapevolezza di quanto appreso e avviare un percorso di autovalutazione. L'UDA prevede dei compiti/problema che richiedono agli studenti competenze, attraverso conoscenze, abilità, capacità, che possono acquisire autonomamente.*

Indicazioni per la consegna agli studenti	
Eventuale processo di autovalutazione per lo studente	Anche l'allievo, tramite l'autovalutazione, è chiamato a illustrare e nel contempo diagnosticare il proprio lavoro elaborando una scheda in cui espone il risultato ed il percorso seguito, esprimendo una valutazione ed indicando i punti di forza e quelli di miglioramento. Esempio di schema della relazione individuale dello studente: descrivi il percorso generale dell'attività; indica come avete svolto il compito e tu cosa hai fatto; indica quali problemi hai dovuto affrontare e come li hai risolti; che cosa hai imparato da questa unità di apprendimento; in cosa puoi ancora migliorare; come valuti il lavoro da te svolto.

DESCRITTORI GENERALI DEI LIVELLI DI COMPETENZA

INDICATORI	INIZIALE (D) VOTO 4-5	BASE(C) VOTO 6	INTERMEDIO (B) VOTO 7-8	AVANZATO (A) VOTO 9- 10
Rubrica di processo (valuta la competenza agita in situazione)	Lo studente ha incontrato difficoltà nell'affrontare il compito di realtà ed è riuscito ad applicare le conoscenze e le abilità necessarie solo se aiutato dall'insegnante o da un pari	Lo studente è riuscito a svolgere in autonomia le parti più semplici del compito di realtà	Lo studente ha mostrato di saper agire in maniera competente per risolvere la situazione problema	Lo studente ha saputo agire in modo esperto, consapevole e originale nello svolgimento del compito di realtà
Rubrica di prodotto (risultato dell'agire competente in termini di elaborato)	L'elaborato prodotto presenta varie imperfezioni, una struttura poco coerente e denota un basso livello di competenza da parte dell'alunno	L'elaborato prodotto risulta essere semplice, essenziale ed abbastanza corretto	L'elaborato prodotto risulta essere ben sviluppato ed in gran parte corretto	L'elaborato prodotto risulta essere significativo ed originale, corretto e ben strutturato
Rubrica di consapevolezza metacognitiva (risultato della relazione individuale sull'UDA o dell'esposizione)	La relazione mostra uno scarso livello di riflessione dell'alunno sulle attività svolte e sul proprio operato ed una ricostruzione/illustrazione approssimata ed imprecisa	La relazione mostra un discreto livello di riflessione dell'alunno sulle attività svolte e sul proprio operato ed una ricostruzione semplice ed essenziale	La relazione denota una buona capacità di riflessione dell'alunno sulle attività svolte e sul proprio operato ed una ricostruzione precisa e abbastanza dettagliata	La relazione denota un livello profondo di riflessione dell'alunno sulle attività svolte e sul proprio operato ed una ricostruzione completa, ragionata e approfondita

GRIGLIA PER LE OSSERVAZIONI DEL PROCESSO DI LAVORO E PER LA VALUTAZIONE DEL PRODOTTO FINALE

COMPETENZE ATTESE	EVIDENZE	LIVELLO DI PADRONANZA			
		INIZIALE	BASE	INTERMEDIO	AVANZATO
competenza alfabetica funzionale	lo studente comprende ed usa le informazioni ricavate da documenti di vario tipo	solo se guidato	in modo autonomo ma elementare	in modo adeguato	con piena consapevolezza
Competenza multilinguistica	Lo studente comunica in forma orale	in modo approssimativo	in modo elementare	in modo adeguato	in modo ricco ed efficace
competenza in materia di consapevolezza ed espressione culturali	lo studente comunica in forma scritta	in modo approssimativo	in modo elementare	in modo adeguato	in modo ricco ed efficace
	lo studente si esprime attraverso varie forme anche in riferimento ad altre forme artistiche	in modo poco consapevole	in modo meccanico	in modo consapevole	in modo critico
		Voto 4 voto 5	voto 6	voto 7 voto 8	voto 9 voto 10
Competenza matematica e competenza in scienze e tecnologie	lo studente comprende l'impatto delle tecnologie sulle attività umane e il suo benessere	solo se guidato	in modo autonomo ma elementare	in modo adeguato	in modo organizzato e critico
	Usa conoscenze scientifiche e tecnologiche per motivare comportamenti e scelte ispirati alla salvaguardia della salute e della sicurezza e dell'ambiente	Solo se guidato	in modo autonomo ma elementare	in modo adeguato	in modo organizzato e critico
		Voto 4 voto 5	voto 6	voto 7 voto 8	voto 9 voto 10

competenza sociale e civica in materia di cittadinanza	lo studente conosce gli obiettivi e valori di cittadinanza e dei sistemi sostenibili	in modo approssimativo e solo se guidato	in modo autonomo ma elementare	in modo adeguato	in modo ricco ed efficace
	lo studente comprende il sostegno della diversità sociale e culturale e della parità di genere	in modo approssimativo e solo se guidato	in modo autonomo ma elementare	in modo adeguato	in modo ricco ed efficace
		Voto 4 voto 5	voto 6	voto 7 voto 8	voto 9 voto 10
competenza digitale	lo studente usa le tecnologie come aiuto per l'inclusione la creatività e la comunicazione	in modo approssimativo e solo se guidato	in modo autonomo ma elementare	in modo adeguato	in modo ricco ed efficace
	collabora attraverso le tecnologie digitali, rielabora i contenuti digitali e utilizza le norme di comunicazione sul web	in modo approssimativo e solo se guidato	in modo autonomo ma elementare	in modo adeguato	in modo ricco ed efficace
		Voto 4 voto 5	voto 6	voto 7 voto 8	voto 9 voto 10
competenza personale, sociale e capacità di imparare ad imparare e competenza imprenditoriale	Uso delle conoscenze apprese per organizzare e realizzare un prodotto	in modo passivo	con compiti solo da esecutore	agisce in modo propositivo e prende decisioni	si assume responsabilità, e facilita il lavoro dei compagni
	Verifica il processo e risultati raggiunti	in modo poco consapevole e solo se guidato	in modo poco consapevole	in modo consapevole e autonomo	evidenzia spirito critico nel processo di autovalutazione
		Voto 4 voto 5	voto 6	voto 7 voto 8	voto 9 voto 10
Voto finale: espressione dei risultati raggiunti nelle singole competenze: ---.../10					

CAPITOLO 7

PROVE SVOLTE UDA

In questo capitolo, sono riportati esempi di UDA di istituti di scuola primaria, secondaria di primo grado e secondaria di secondo grado. I progetti esposti possono non solo dare spinti didattici, ma essere d'esempio per la preparazione sia del concorso scuola che della vita scolastica che i futuri docenti si troveranno ad affrontare ogni giorno.

UDA per la scuola primaria

UDA per le classi prime, disciplina: Matematica

PRIMO BIMESTRE sett/ott/nov	**TITOLO: "LE CLASSIFICAZIONI, I NUMERI"**
Traguardi per lo sviluppo delle competenze	L'alunno sviluppa un atteggiamento positivo rispetto alla matematica, attraverso esperienze significative, che gli hanno fatto intuire come gli strumenti matematici che ha imparato a utilizzare siano utili per operare nella realtà
Obiettivi di apprendimento	Classificare oggetti e semplici figure geometriche Orientarsi in uno spazio conosciuto e circoscritto Riconoscere grandezze misurabili Confrontare grandezze Conoscere ed usare i numeri naturali
Contenuti	Riconoscimento, denominazione, classificazione di oggetti Esecuzione di un semplice percorso partendo dalla descrizione Osservazione di oggetti e individuazione di grandezze misurabili Utilizzo di termini adeguati a compiere confronti

	Utilizzo della simbologia numerica per contare, confrontare e ordinare Lettura e scrittura dei numeri naturali in cifre
Attività	Giochi finalizzati alla costruzione di insiemi Individuazione delle caratteristiche comuni in oggetti e figure Rappresentazioni grafiche delle classificazioni attraverso diagrammi Ricerca di numeri nei contesti di quotidianità Numeri: aspetto cardinale e ordinale
Verifiche	Individua l'appartenenza\non appartenenza ad un insieme Comprende ed utilizza i simboli numerici Associa la quantità al simbolo numerico

SECONDO BIMESTRE dic/gen	**TITOLO: "I NUMERI, L'ADDIZIONE"**
Traguardi per lo sviluppo delle competenze	L'alunno si muove con sicurezza nel calcolo scritto e mentale con i numeri naturali
Obiettivi di apprendimento	Conoscere ed usare i numeri naturali entro il dieci
Contenuti	Lettura e scrittura dei numeri naturali in cifre e in lettere Senso progressivo e regressivo sulla linea dei numeri Addizione
Attività	Confronto quantitativo tra insiemi Ordinamento di numeri con materiale strutturato e/o di recupero e con la linea dei numeri Confronto tra coppie di numeri e uso dei simboli maggiore, minore, uguale Utilizzo di materiale strutturato e non per arrivare al concetto di addizione
Verifiche	Associa la quantità al simbolo numerico Conta in senso progressivo e regressivo Esegue semplici addizioni

TERZO BIMESTRE feb/marzo	TITOLO: "NUMERI E MISURE"
Traguardi per lo sviluppo delle competenze	L'alunno si muove con sicurezza nel calcolo scritto e mentale con i numeri naturali; utilizza strumenti per il disegno geometrico e i più comuni strumenti di misura
Obiettivi di apprendimento	Conoscere ed usare i numeri naturali entro il venti Misurare grandezze utilizzando unità di misura non convenzionali
Contenuti	Lettura e scrittura dei numeri naturali in cifre ed in lettere Senso progressivo e regressivo sulla linea dei numeri Sottrazione Proprietà misurabili
Attività	Ordinamento dei numeri con materiale strutturato e con la linea dei numeri Raggruppamenti in basi diverse con materiale di recupero e strutturato Rappresentazione grafica della decina Composizione, scomposizione, confronto e ordinamento di numeri Utilizzo di materiale strutturato e non per arrivare al concetto di sottrazione Misurazione di oggetti con strumenti non convenzionali Seriazione di oggetti in relazione alla lunghezza, al peso, alla capacità
Verifiche	Conta in senso progressivo e regressivo Esegue semplici addizioni e sottrazioni Legge, scrive, ordina e confronta i numeri da zero a venti

QUARTO BIMESTRE aprile/maggio	TITOLO: "SITUAZIONI PROBLEMATICHE. FORME GEOMETRICHE."
Traguardi per lo sviluppo delle competenze	L'alunno legge e comprende testi che coinvolgono aspetti logici e matematici; riconosce e rappresenta forme del piano; inizia ad associare oggetti reali alle principali figure solide
Obiettivi di apprendimento	Rappresentare e risolvere situazioni problematiche legate a contesti di vita quotidiana Classificare linee in base alla direzione Riconoscere, rappresentare e denominare le principali figure piane Associare oggetti reali alle principali figure solide
Contenuti	Semplici situazioni problematiche legate alla vita quotidiana Algoritmo risolutivo Linee aperte/chiuse - regione interna/esterna/confine Figure geometriche piane
Attività	Creazione di situazioni problematiche legate alla vita quotidiana Lettura, rappresentazione grafica di situazioni problematiche con e senza numeri Rilevazione dei dati e della richiesta Riproduzione grafica delle principali figure piane Associazione di oggetti reali alle forme corrispondenti
Verifiche	Risolvere situazioni problematiche che richiedono l'addizione e la sottrazione Distinguere regione interna, esterna, confine Denominare e classificare figure piane

UDA per la scuola secondaria di primo grado

UDA per le classi prime, seconde e terze. Disciplina: Educazione Civica

UDA EDUCAZIONE CIVICA	
Macroarea	Persona, ambiente e territorio (*Primo anno*); Diritti sociali e benessere (*Secondo anno*); Dalla dimensione personale al contesto globale (*Terzo anno*)
Titolo	VIVERE INSIEME: TU, I GRUPPI, LE REGOLE
INTRODUZIONE, FINALITA' e PRODOTTO FINALE	Tematica: "Rispetto di sé e delle regole" Finalità: Il fine di questa UDA è quello di porre l'accento sul significato di essere "persona" che si apre alle relazioni con gli altri, consapevole dei suoi punti di forza e di debolezza. Le persone che convivono in una stessa società devono condividerne gli scopi e i comportamenti ed è necessario che ci siano delle regole condivise e rispettate da tutti. Il rispetto delle regole equivale a civile convivenza, un quadro costruito nell'interesse generale e che perciò offre a tutti speranze di vita migliore e di crescita consapevole e responsabile. L'obiettivo dell'UDA è quindi quello di potenziare e consolidare il rispetto delle regole a seconda del contesto e della situazione. Alla fine del percorso gli alunni.... (proposta: "compileranno un questionario trasversale sui contenuti appresi, come punto di partenza per la valutazione trasversale delle conoscenze")
Destinatari	Classe prima, Classe seconda, Classe terza
Anno scolastico	......
Periodo di attuazione	Primo quadrimestre (periodo dall'11 al 24 ottobre); Secondo quadrimestre (periodo marzo/aprile)

Traguardi di competenza	L'alunno: comprende i concetti del prendersi cura di sé, della comunità, dell'ambiente; è consapevole che i principi di solidarietà, uguaglianza e rispetto della diversità sono i pilastri che sorreggono la convivenza civile e favoriscono la costruzione di un futuro equo e sostenibile; comprende il concetto di Stato, Regione, Città Metropolitana, Comune e Municipi e riconosce i sistemi e le organizzazioni che regolano i rapporti fra i cittadini e i principi di libertà sanciti dalla Costituzione Italiana e dalle Carte Internazionali, e in particolare conosce la Dichiarazione universale dei diritti umani, i principi fondamentali della Costituzione della Repubblica Italiana e gli elementi essenziali della forma di Stato e di Governo; comprende la necessità di uno sviluppo equo e sostenibile, rispettoso dell'ecosistema, nonché di un utilizzo consapevole delle risorse ambientali; promuove il rispetto verso gli altri, l'ambiente e la natura e sa riconoscere gli effetti del degrado e dell'incuria; sa riconoscere le fonti energetiche e promuove un atteggiamento critico e razionale nel loro utilizzo e sa classificare i rifiuti, sviluppandone l'attività di riciclaggio; è in grado di distinguere i diversi device e di utilizzarli correttamente, di rispettare i comportamenti nella rete e navigare in modo sicuro; è in grado di comprendere il concetto di dato e di individuare le informazioni corrette o errate, anche nel confronto con altre fonti; sa distinguere l'identità digitale da un'identità reale e sa applicare le regole sulla privacy tutelando sé stesso e il bene collettivo; prende piena consapevolezza dell'identità digitale come valore individuale e collettivo da preservare; è in grado di argomentare attraverso diversi sistemi di comunicazione; è consapevole dei rischi della rete e come riuscire a individuarli
Competenze specifiche disciplinari	L'alunno: interagisce in gruppo, contribuendo all'apprendimento comune ed alla realizzazione delle attività collettive; comprende i diversi punti di vista,

	valorizzando le proprie e le altrui capacità; gestisce la conflittualità; è consapevole del proprio ruolo di cittadino nel rispetto di sé e degli altri e del proprio ambiente di vita; mette in atto alcuni essenziali principi relativi al proprio benessere psico-fisico: ha cura del proprio corpo con scelte adeguate di comportamenti e abitudini alimentari e di vita; riconosce i propri processi cognitivi, emotivi e comportamentali; attiva azioni di miglioramento e di correzione dei propri comportamenti in ordine a sé, agli altri ed al mondo; mette in atto forme di rispetto ed educazione verso gli altri; interiorizza come valore etico il senso di legalità; rispetta le regole condivise; collabora con gli altri per la costruzione del bene comune esprimendo le proprie personali opinioni e sensibilità; acquisisce il senso e la necessità del rispetto della convivenza civile; è consapevole dei diritti e dei doveri di cittadino responsabile; ha attenzione e rispetto per le funzioni pubbliche alle quali partecipa: momenti educativi, esposizione pubblica del proprio lavoro, occasioni rituali nelle comunità che frequenta, azioni di solidarietà, manifestazioni sportive, volontariato, ecc.; riconosce le responsabilità collettive e individuali nell'affrontare e risolvere i problemi ambientali; applica nella propria esperienza quotidiana comportamenti di rispetto dell'ambiente; assume ruoli di responsabilità all'interno e fuori della scuola; individua ed analizza da un punto di vista scientifico le maggiori problematiche in cui vive ed elabora ipotesi di intervento; individua e valorizza il patrimonio artistico-culturale e paesaggistico dei beni pubblici comuni; riconosce ed approfondisce i problemi connessi al degrado ambientale del Pianeta (acqua, aria, suolo, energia) e le soluzioni ipotizzabili; acquisisce il senso e la necessità del rispetto della convivenza civile; sa usare consapevolmente le nuove tecnologie; sa inserirsi in modo attivo e consapevole nella comunità virtuale; fa valere all'interno della comunità virtuale i propri diritti e bisogni, riconoscendo al contempo quelli altrui, le opportunità

	comuni, i limiti, le regole e le responsabilità; sa analizzare le informazioni ricevute in rete valutandone l'utilità e distinguendo fatti e opinioni; riconosce i pericoli della rete e sa come tutelare la privacy propria e altrui
Obiettivi specifici di apprendimento	Riconoscere il valore di ogni individuo come risorsa per la collettività Approfondire la conoscenza e l'accettazione di sé, rafforzando l'autostima, anche apprendendo dai propri errori. Apprezzare il valore della solidarietà Collaborare con il gruppo dei pari e partecipare alla vita della classe in modo corretto Manifestare il proprio punto di vista, ascoltare quello degli altri e confrontarsi Conoscere e promuovere atteggiamenti corretti per il benessere e la salute personale e collettiva Comprendere e rispettare le varie forme di diversità personali, culturali, religiose e sociali Riflettere sull'operato di personaggi esemplari della storia contemporanea per poter contribuire alla crescita armoniosa della comunità cui si appartiene Riconoscersi come persona, studente, cittadino (italiano, europeo, del mondo) Conoscere il significato di diritto e dovere Conoscere i principi fondamentali della Costituzione Riconoscere il valore delle regole comuni per la convivenza civile Rispettare le regole della convivenza in classe e a scuola Gestire le dinamiche relazionali

	Riconoscere il rapporto tra il concetto di responsabilità e libertà Conoscere i principi dello sviluppo sostenibile Riconoscere e rispettare gli elementi dell'ecosistema Riconoscere situazioni di difficoltà ed assumere atteggiamenti di aiuto Adottare comportamenti cooperativi e di mediazione per superare difficoltà proprie e di altri Concordare e rispettare le norme, le regole, i divieti Adottare comportamenti di salvaguardia dei beni ambientali e artistici. Favorire l'analisi scientifica dei problemi ambientali individuati nel proprio territorio Conoscere le funzioni delle varie istituzioni e organizzazioni esistenti a difesa e tutela dell'ambiente e del patrimonio artistico-culturale. Essere in grado di utilizzare lo strumento informatico da un punto di vista tecnico Essere in grado di analizzare, selezionare e valutare criticamente dati e informazioni Conoscere le potenzialità e i limiti degli ambienti virtuali utilizzati comunemente Essere in grado di adeguare la propria comunicazione virtuale in relazione all'interlocutore Saper gestire le emozioni che possono emergere all'interno del contesto virtuale in cui si muove (Social Network, gioco on line, chat) Essere in grado di assumersi la responsabilità finale delle proprie decisioni nella consapevolezza che tutto quello che viene inserito, scritto o pubblicato in rete,

	potrebbe avere implicazioni sociali positive o negative sull'immagine di sé e degli altri
Competenze chiave europee	Competenza: alfabetica funzionale, multilinguistica, matematica e competenza di base in scienze e tecnologie, digitale, personale, sociale e capacità di imparare ad imparare, sociale e civica in materia di cittadinanza, imprenditoriale, in materia di consapevolezza ed espressione culturali
Nuclei tematici prevalenti dell'UDA	Costituzione; sviluppo sostenibile; cittadinanza digitale
Discipline coinvolte	Tutte
Tempi	Minimo 16-17 ore; si allega cronoprogramma
Fasi	FASE 1 (4 ore): il docente di geografia introduce l'argomento con la lettura del brano. Brainstorming. Elaborazione grafica e decorazione dell'acrostico sula parola. Il docente di Italiano procede con il word cloud con le parole suggerite dai ragazzi. Procede con la lettura della fiaba; gli studenti creano un acrostico della parola "regola" in maniera individuale sul proprio quaderno di educazione civica; successivamente, realizzano insieme un cartellone con l'acrostico della parola "regola". A conclusione della giornata, il docente di Tecnologia invita gli studenti a riflettere, rispondendo a due domande sul quaderno di educazione civica: è facile oppure no rispettare le regole? Perché? Se non ci fossero, che cosa accadrebbe? Dopo aver riflettuto sull'argomento, sono arrivato alla conclusione che le regole. FASE 2 (3 ore): dopo la lettura del testo, l'insegnante di inglese stimola gli alunni a chiedersi se nella propria realtà quotidiana si ritrovano a confrontarsi con i concetti: comando, divieto, diritto e dovere. L'insegnante invita gli alunni ad un'attività di BRAINSTORMING sulle regole o divieti che

	devono rispettare a scuola e a casa, e se li ritengono giusti. L'insegnante di spagnolo coordina il confronto e stimola gli alunni a riflettere sul concetto di libertà partendo da un evento accaduto in classe. Realizzazione di una tabella sul quaderno di Ed. Civica con classificazione delle regole e le libertà ad esse corrispondenti. L'insegnante di matematica fa riferimento al Patto educativo di Corresponsabilità e al Regolamento d'Istituto ed invita gli studenti a riflettere, rispondendo ad una domanda sul quaderno di educazione civica: Ti senti più libero o più oppresso in virtù delle regole che devi rispettare nella tua quotidianità? FASE 3 (2 ore): l'insegnante di musica propone agli studenti la lettura ed il video del racconto e si lascia spazio alla riflessione sulla morale emersa. Stimolati dal racconto, in cui la gentilezza viene utilizzata per convincere gli altri a non trasgredire le regole, gli studenti compilano con l'aiuto della docente di religione la tavola delle "Regole che vorrei" nell'ottica di una buona convivenza civile (es. non dire parolacce, sorridere sempre, rispondere con un "grazie" ecc.) attraverso la creazione del LAPBOOK murale, diviso in tre colonne: le regole che tutti devono rispettare; le regole della classe; le regole che vorremmo. A conclusione della giornata, il docente di geografia propone l'attività di QUICK WRITE di scrittura sulle regole elaborate in classe. FASE 4 (2 ore): l'insegnante di musica propone la lettura del testo poetico, in cui è espresso il rapporto tra libertà e regole attraverso la metafora dell'aquilone. Gli studenti sono invitati a ideare uno slogan di classe sul valore delle regole. Successivamente, ciascun alunno riceve un nastro di carta colorata su cui scrive la regola che ritiene sia necessario rispettare per tutelare la libertà di tutti. La classe con l'insegnante di matematica si dedica, invece, alla realizzazione individuale di un segnalibro da personalizzare con il proprio nome. A conclusione

	dell'attività, ciascuno studente incolla il proprio nastro all'aquilone di classe realizzato. FASE 5 (3 ore): l'insegnante di ED. FISICA introduce la riflessione sul concetto di fair play legato ai valori olimpici. Si lascia spazio alla condivisione rispetto alla reazione dei giocatori inglesi e al mancato fair play dimostrato e, parallelamente, alla reazione dei tifosi italiani dopo la vittoria degli Europei di calcio. L'insegnante proietta sulla LIM la scheda che chiede agli alunni di cercare fra le parole elencate quelle afferenti al concetto di Fair Play. Lo stesso esercizio può essere svolto in maniera individuale, consegnando le fotocopie a ciascuno studente. A questo punto, gli studenti misurano il proprio livello di fair play, rispondendo alle domande di un test, il cui risultato corrisponderà ad un determinato profilo. Il test può essere svolto in maniera individuale attraverso delle fotocopie o collettivo, proiettando il test sulla LIM. A conclusione dell'attività, il docente invita gli studenti a riflettere, rispondendo ad una domanda sul quaderno di educazione civica: se ti fossi trovato al posto dei campioni olimpici, ti saresti comportato allo stesso modo? Pensi che questi gesti abbiano fatto la differenza? Nella parte conclusiva della giornata, l'insegnante illustra agli studenti i giochi del Torneo Sportivo che coinvolgerà tutte le classi prime della scuola. Risulta fondamentale presentare le regole di ogni gioco e ribadire l'importanza di giocare in modo leale e rispettoso nei confronti dell'avversario. FASE 6 (1 ora): sfide tra le classi prime. I materiali necessari per lo svolgimento delle attività pratiche e per le sfide verranno forniti ai docenti coordinatori, così come le matrici di ogni allegato. Ai ragazzi verrà chiesto di portare a scuola almeno 2 bottiglie di plastica vuote, che verranno raccolte e poi utilizzate per le sfide.

	FASE FINALE (1 ora): questionario assegnato a casa
Metodologie	lezione frontale e dialogata metodo deduttivo-induttivo lavori di gruppo metodo della ricerca *PROBLEM SOLVING* per migliorare strategie operative e migliorative per risolvere problemi e raggiungere obiettivi. *COOPERATIVE LEARNING* per condividere valori cognitivi ed operativi attraverso la collaborazione, la reciprocità e la corresponsabilità. *LEARNING BY DOING* per promuovere il fare, l'operare, l'agire e migliorare la strategia per imparare, ove l'imparare non è il memorizzare, ma anche e soprattutto il comprendere. *E- LEARNING* per promuovere l'uso delle tecnologie multimediali e di Internet al fine di migliorare la qualità dell'apprendimento facilitando l'accesso alle risorse e ai servizi, potenziando la formazione autonoma e responsabile *ROLE PLAYING* per far emergere non solo ruoli e norme comportamentali, ma la persona con la propria creatività in un clima collaborativo e in un ambiente accogliente *Peer to peer* *Flipped Classroom* *Debate* Didattica breve
Strumenti	Testi, video, questionari, schemi cartacei, mappe semi strutturate, device, software didattici, sintesi, Lim,

	strumenti di presentazione, applicazioni della piattaforma G-Suite for Education
Verifica	Osservazione sistematica, prova oggettiva di completamento, prova semi strutturata, prova soggettiva, prova grafica, conversazione guidata, questionario di autovalutazione, compito di realtà
Valutazione	Per la valutazione delle conoscenze, delle abilità e delle competenze saranno adottati i criteri individuati nelle griglie di valutazione allegate al Curricolo di Educazione Civica approvato dall'Istituzione scolastica.

CRONOPROGRAMMA ALLEGATO

Disciplina	**N. ore minimo da svolgere indicativamente per disciplina**
ITALIANO	3
STORIA	1
GEOGRAFIA	1
MATEMATICA/SCIENZE	3
INGLESE	2
SECONDA LINGUA	1
ARTE E IMMAGINE	1
TECNOLOGIA	1
MUSICA	1
ED. FISICA	1
RELIGIONE	1
Totale ore	16 (minimo a quadrimestre)

UDA per la scuola secondaria di secondo grado

UDA per le classi prime e seconde, disciplina: letteratura

Prodotti	Competenze mirate
Mostra virtuale o con pannelli (presentazione ai compagni)	Sociali e civili: comunicazione e socializzazione di esperienze e conoscenze; relazione con i docenti e altre figure adulte; cooperazione e disponibilità ad assumersi incarichi e a portarli a termine; autonomia.
Glossario multilingue	Imparare a imparare: ricerca e gestione delle informazioni; spirito di iniziativa e intraprendenza; pianificazione del lavoro e rispetto dei tempi; autovalutazione nella relazione individuale sul processo.
	Collaborare e partecipare: interagire in gruppo, valorizzando le proprie e altrui capacità, contribuendo all'apprendimento comune.
	Individuare collegamenti e relazioni: individuare e rappresentare, elaborando collegamenti e relazioni, tra fenomeni e concetti diversi, anche appartenenti a diversi ambiti disciplinari, individuando analogie e differenze.

Abilità	**Conoscenze**
Esporre in modo chiaro e logico e coerente esperienze vissute o testi ascoltati	Lessico fondamentale per la gestione di semplici comunicazioni orali
Produrre testi corretti e coerenti adeguati alle diverse situazioni comunicative	Fasi della produzione scritta: pianificazione, stesura e revisione
Padroneggiare le strutture delle lingue presenti nel testo	Struttura essenziale dei testi espositivi e argomentativi
Scrivere correttamente semplici testi su tematiche coerenti con i percorsi di studio	Regole grammaticali fondamentali Lessico di base
Elaborare prodotti multimediali	Semplici applicazioni per l'elaborazione audio e video Uso essenziale della comunicazione telematica
Riconoscere le dimensioni del tempo e dello spazio attraverso l'osservazione di eventi storici e di aree geografiche	I principali fenomeni storici e le coordinate spazio-tempo che li determinano
Identificare gli elementi maggiormente significativi per confrontare aree e periodi diversi	I principali fenomeni storici e le coordinate spazio-tempo che li determinano
Rielaborare in forma chiara le informazioni	Modalità e tecniche delle diverse forme di produzione scritta
Ricercare, acquisire e selezionare informazioni generali	Elementi strutturali di un testo scritto
Individuare natura, funzione e principali scopi comunicativi ed espressivi di un testo	Varietà lessicali in rapporto ad ambiti e contesti diversi
Affrontare molteplici situazioni comunicative scambiando informazioni, idee per esprimere anche il proprio punto di vista	Codici fondamentali della comunicazione orale
Comprendere il cambiamento in relazione agli usi, alle abitudini, al vivere quotidiano	Origine delle diverse unità di misura e delle suddivisioni dei periodi temporali (anno, mese, giorno, ora) e origine storica dell'analogia con le misure di

nel confronto con la propria esperienza personale	angoli. Fenomeni periodici.
Riconoscere i principali settori in cui sono organizzate le attività economiche del proprio territorio	La dinamica della gestione: il ciclo operativo, il ciclo economico, il ciclo monetario
Disegnare figure geometriche con semplici tecniche grafiche e operative	Circonferenza e cerchio, ellisse, triangoli simili
Applicare le principali formule relative alla retta e alle figure geometriche sul piano cartesiano	Calcolo della circonferenza, area del cerchio, volume di una sfera
In casi reali di facile leggibilità risolvere problemi di tipo geometrico e ripercorrerne le procedure di soluzione	Metodo della triangolazione
Adottare semplici progetti per la risoluzione di problemi pratici	Il metodo di progettazione
Risolvere semplici problemi diretti e inversi	Operazioni con grandezze dimensionali di tempo e grandezze derivate Unità di misura del tempo, multipli e sottomultipli, trasformazioni Trasformazioni di unità di misura derivate
Individuare i principali mezzi e strumenti che hanno caratterizzato l'innovazione tecnico-scientifica nel corso della storia	Principali tappe dello sviluppo dell'innovazione tecnico- scientifica e della conseguente innovazione tecnologica
Rappresentare graficamente equazioni di primo grado; comprendere il concetto di equazione e quello di funzione	Il tempo come variabile indipendente di una funzione Grandezze che dipendono linearmente dal tempo e loro rappresentazione grafica
Risolvere equazioni di primo grado e verificare la correttezza dei procedimenti utilizzati	Problemi lineari con grandezze di tempo incognite

Riconoscere i principali enti, figure e luoghi geometrici e descriverli con linguaggio naturale	Analogia nelle operazioni tra misure di angoli
Individuare le proprietà essenziali delle figure e riconoscerle in situazioni concrete	Parallelismo, ortogonalità

Utenti destinatari	**Studenti di classi prime e seconde**
Prerequisiti	Nessuno
Fase di applicazione	Inizio secondo quadrimestre
Tempi	Febbraio-aprile
Esperienze attivate	Presenza di esperti esterni
Metodologia	Lezioni frontali, laboratorio, lavori di gruppo, incontro con esperti, visite guidate
Risorse umane interne ed esterne	Interne: coordinatore docente dell'asse prevalente, docente Italiano- Storia, docente Matematica, docente Scienze integrate, docente Economia, docente Informatica, docente di Lingua inglese. Esterne: esperti esterni
Strumenti	Laboratorio di Scienze, laboratorio di Informatica, biblioteca, manuali
Valutazione	Valutazione del processo, valutazione del prodotto, valutazione dell'attività (questionario e dialogo con studenti)

Conclusioni

L'UDA è una parte fondamentale del percorso formativo e ne costituisce la base. Questo acronimo indica un insieme di opportunità di apprendimento che consentono all'alunno di stabilire un rapporto personale con la conoscenza. Un argomento o meglio un'area di apprendimento viene sviluppata, preferibilmente in modo integrato, cioè affrontata da più discipline e insegnanti, che contribuiscono con molteplici prospettive.

I compiti affrontati portano alla realizzazione di un prodotto, al quale si arriva applicando una serie di abilità, sviluppando così una serie di competenze: queste danno soddisfazione all'allievo, ma sono anche facili da valutare per gli insegnanti. La formazione è organizzata in una serie di esperienze di apprendimento diverse che vanno oltre l'insegnamento tradizionale e si aprono al laboratorio, all'esplorazione personale, alle attività di gruppo e alle esperienze extrascolastiche. Si tratta di un ambiente dinamico in cui l'apprendimento genera nuovo apprendimento, con una maggiore motivazione degli studenti e una valutazione delle competenze in linea con quanto sviluppato a livello europeo.

Esistono diverse situazioni in cui è possibile creare un'unità di apprendimento. Distinguiamo:

- situazioni importanti e rilevanti, che indicano snodi importanti nel processo di sviluppo personale, che coinvolgono tutti gli insegnanti e rappresentano un orientamento strutturato;
- situazioni legate a esperienze formative non strettamente curricolari o relative a contesti esterni alla scuola, che richiedono un approccio più morbido e intuitivo;
- situazioni legate alla tradizionale vita di classe, legate a lezioni, compiti e verifiche, che richiedono una gestione e una

supervisione più incentrata sulle conoscenze e sulle competenze.

In ogni caso, l'UDA è legata a una pedagogia dell'azione, della messa in pratica della conoscenza e dell'apprendimento.

La progettazione e la gestione dell'unità di apprendimento si basano sulla definizione di una competenza di riferimento; l'interdisciplinarità, dovuta al coinvolgimento di diversi docenti e di diverse discipline; il ruolo attivo degli studenti attraverso attività laboratoriali e opportunità esperienziali; la presenza di momenti riflessivi, in cui l'alunno è chiamato a ricostruire i processi attivati e le conoscenze acquisite; un clima e un ambiente collaborativo; il coinvolgimento dello studente nelle competenze da raggiungere; la trasparenza dei criteri di valutazione e delle attività di autovalutazione dell'alunno e la valutazione finale attraverso prove situazionali o autentiche.

Partendo da queste basi, è possibile costruire, insieme ai colleghi, un'UDA basata su discipline e situazioni diverse e sempre interessanti.

Bibliografia

A. Pietropolli, Charmet G., *Manuale di psicologia dell'adolescenza: compiti e conflitti*, Franco Angeli, Milano 2004.

Baldacci M., *Il problema delle competenze d'uscita*, in F. Frabboni, G. Cerini, I nuovi curricoli della scuola di base, Tecnodid, Napoli 2001.

Cerini G., Spinosi M., *Strumenti e cultura della valutazione*, Voci della scuola, Tecnodid Editrice, Napoli, 2012.

Chiosso G., *Personalizzazione dei percorsi e qualità della scuola*, in "Nuova Secondaria", 19, 7, 2002.

Comoglio M., *Educare insegnando: apprendere ad applicare il cooperative learning*, LAS, Roma 1999.

D.A., *Formare il professionista riflessivo*, Franco Angeli, Milano 2006.

Di Marco N., *Unità di apprendimento per sviluppare competenze*, Liscianilibri, 2020.

Frabboni (a cura di), *Indicazioni per il curricolo*, Erikson, Torino 2007.

Frabboni F., Pinto Minerva F., *Introduzione alla pedagogia generale*, Laterza, Roma, Bari 2003.

Fraccaroli F., Vergani A., *Valutare gli interventi formativi*, Carocci, Roma 2004.

Gentile M., *Differenziazione didattica*, in "Voci della scuola", volume V, Tecnodid, Napoli 2005.

Giacinto I., *Valutazione, verifica e portfolio tra obiettivi formativi e piani di studio personalizzati*, in "Amministrare la scuola", n. 1, gennaio 2006.

Giambelluca G., Rigo R., Tollot M.G., Zanchin M.R., *Promuovere le competenze. Linee guida per valutare con Talent Radar*, Pensa MultiMedia, Lecce 2009.

Goleman D., *Lavorare con intelligenza emotiva*, Rizzoli, Milano 1998.

Lipari D., *Progettazione e valutazione nei processi formativi*, Edizioni Lavoro, Roma 1995.

Malavasi P., *Pedagogia e formazione delle risorse umane*, Vita e Pensiero, Milano 2003.

Margiotta U., *Insegnare nella società della conoscenza*, Pensa MultiMedia, Lecce 2007.

Margotta U., *La continuità educativa nella scuola di base: metodologia e formazione*, Ed. Maggioli, 1987.

Pellerey M., *Evoluzione e sviluppo degli approcci "per competenze" nella formazione professionale*, A.M. Ajello (2002).

Pellerey M., *Le competenze individuali e il portfolio*, La Nuova Italia Scientifica, Roma 2004.

R.M. Gagné, L.J. Briggs, *Fondamenti di progettazione didattica*, Sei, Torino 1990.

Rossetti A., *Apprendere sempre. L'apprendimento continuo nel corso della vita*, Raffaello Cortina, Milano 2002.

Rossi M., *I progetti di sviluppo. Metodologie di progettazione partecipativa per obiettivi*, Franco Angeli, MI 2004.

Sergiovanni T.J., *Dirigere la scuola, comunità che apprende*, LAS, Roma 2002
Sergiovanni T.J., Starratt J., Valutare l'insegnamento, LAS, Roma 2003.

Valentini M., Castriconi S., *L'altro linguaggio. Unità di apprendimento per la scuola primaria sul corpo che comunica,* Com Publishing, 2015.

Valentino A., *Progettare e organizzare la scuola*, Valore scuola, Roma 2001.

Sitografia

http://elearning.imparadigitale.org/mod/page/view.php?id=1030

http://moodle.marcopolovr.it/moodle/mod/folder/view.php?id=573

http://scuola.cvm.an.it/materiali-didattici/?gclid=EAIaIQobChMIvbbm8Z_e3QIVTkTTCh1gqg_BEAAYASAAEgLE3PD_BwE

http://usr.istruzione.lombardia.gov.it/wp-content/uploads/2017/02/castoldi-28-11-USR-Milanoelaborazione-UDA.pdf

http://www.cnosscuola.it/sites/default/files/RIPENSARE%20LA%20SCUOLA%20CON%20LE%20INDICAZIONI_petracca.pdf

http://www.didatticare.it/le-nostre-ua/

http://www.edscuola.it/archivio/comprensivi/puricelli.pdf

http://www.francadare.it/wp/category/didattica/esempi-di-unita-di-apprendimento/

http://www.italianostraedu.org/wp-content/uploads/2014/09/Sebastiani_UDA-Unit%C3%A0-Didattiche-di-Apprendimento.pdf

http://www.obiettivo2020.org/didattica/

http://www.orientamentoirreer.it/sites/default/files/CURR1%2002.05%20riminipetracca.pdf

http://www.scuolasciasciatalsano.gov.it/images/Formazione/UNITA-DI-APPRENDIMENTO.pdf

http://www.toscana.istruzione.it/sfogliatore/pdf/Intro.pdf

https://deascuola.it/area-competenze/risorse-operative/secondaria-i-grado

https://didatticapersuasiva.com/didattica/didattica-per-competenze-2

https://moodle2.units.it/pluginfile.php/25032/mod_resource/content/1/UDA_2.pdf

https://www.liscianigroup.com/centro-formazione-ricerca/pdf/UNITA-DI-APPRENDIMENTO.pdf

https://www.slideshare.net/AntonettaCimmarrusti/progettare-per-competenza

ESPANSIONE ONLINE

- Come progettare un'UDA per Alunni con BES
- Format da stampare dell'unità di apprendimento comprendente: UDA da consegnare agli studenti, piano di lavoro schema relazione individuale rubriche valutative, Tabella di sintesi degli strumenti compensativi, Lista d'esempio di strumenti compensativi per disciplina.
- Prove Svolte UDA (Copia PDF)
- Esempi di PDF (Copia PDF)
- BONUS: come elaborare l'UDA nelle prove scritte del concorso scuola

PER SCARICARE I MATERIALI SCANSIONA IL <u>QRCODE</u>

Printed by Amazon Italia Logistica S.r.l.
Torrazza Piemonte (TO), Italy

53601727R00077